LUIGI CIGLIANO

# RIVOLUZIONE WEB 3.0

## BLOCKCHAIN, CRIPTOVALUTE, DEFI, NFT E METAVERSO: DALLA TEORIA ALLA PRATICA

AGGIORNATO AL 2023

D1728783

https://luigicigliano.com

A mio padre, per aver sempre creduto in me.
A mia madre, mia moglie e le mie due splendide figlie:
siete delle donne meravigliose,
le donne della mia vita.

# DISCLAIMER

Tutti i contenuti riportati in questo sono frutto delle conoscenze e dell'esperienza maturate dall'autore.

L'autore non fornisce alcuna garanzia sulle informazioni qui contenute. L'autore declina qualsiasi responsabilità in relazione a danni di natura materiale o immateriale causati dall'utilizzo o dal mancato utilizzo delle informazioni qui fornite o dall'uso di informazioni non corrette e incomplete.

L'autore declina ogni responsabilità per eventuali perdite, danni, spese o pretese sorti in relazione a qualsiasi decisione assunta ovvero azione intrapresa o meno da qualunque soggetto sulla base di quanto descritto in questo libro.

# COPYRIGHT

# INDICE

# PREFAZIONE

Ricordo ancora la prima volta in cui sentii parlare di Bitcoin. Era il 2010, e stavo rispolverando gli studi universitari in ambito di crittografia a chiave pubblica per preparare alcune guide alle applicazioni pratiche in ambito informatico: dallo scambio di messaggi cifrati alla possibilità di firmare digitalmente i documenti. Erano i tempi in cui si poteva comprare 1 Bitcoin per meno di 1 dollaro, tanto per inquadrare la situazione (e versare qualche lacrima di rimpianto).

Il "mining", cioè il processo che legittima le transazioni e ricompensa l'attività tramite la generazione di nuovi Bitcoin, era ancora possibile tramite un tradizionale PC, senza bisogno di alcuna attrezzatura speciale. Ricordo ancora di aver fatto qualche calcolo veloce sull'angolo di un foglio stropicciato e, dopo aver constatato che il costo dell'elettricità necessaria per generare qualche moneta era di gran lunga superiore al valore delle monete stesse, scartai l'idea bollandola come l'ennesima trovata di qualcuno mosso da secondi fini.

Anche perché, parliamoci chiaro: chi mai si sarebbe aspettato che un sistema del genere avrebbe mai preso piede? Non dimentichiamo che erano i tempi in cui i pagamenti on-line erano una rarità: sì, qualcuno comprava già su eBay, ma Amazon Italia doveva ancora debuttare (lo fece solo a novembre 2010) e, fino ad allora, il grande pubblico non era avvezzo nemmeno ad inserire il proprio numero di carta di credito online. "Figuriamoci se qualcuno accetterà mai di procurarsi una moneta diversa dall'euro, gestirla con un programma dedicato e poi spenderla", pensai.

Oggi mi rendo conto che, probabilmente, quello che mi mancò all'epoca fu proprio un libro come quello scritto da Luigi: focalizzandosi sull'importanza della decentralizzazione come strumento di libertà finanziaria e tutela della privacy, semplificando gli aspetti più complessi grazie alla sua naturale spontaneità, l'autore ha avuto la lodevole capacità di mostrare il meglio dei sistemi basati su blockchain trattandoli in modo chiaro e piacevolissimo da scorrere, anche per chi sia totalmente a digiuno della materia e, magari, ne abbia soltanto sentito parlare in TV. Non solo tecnologia fine a se stessa, quindi, ma soprattutto i benefici concreti che le criptovalute (o "crittovalute", per usare la scrittura italiana più corretta) possono portare nelle nostre vite.

Per questo, ti ringrazio, caro Gigi! Magari, nella prossima vita, pubblica questo libro nel 2010: in questo modo, potrò scrivere questa prefazione da una villa alle Hawaii, invece che dal mio appartamentino a Ferrara.

Gianluigi Zanettini aka Zane di TurboLab.it
Ferrara, 12 dicembre 2022 | Valore odierno di 1 Bitcoin: 16.181 €

# INTRODUZIONE

 SE RIUSCIREMO UN GIORNO AD ABBRACCIARE LA NOSTRA SAGGEZZA INVECE DELL'IGNORANZA, QUESTA TECNOLOGIA LIBERERÀ LA MENTE UMANA, NON LA SCHIAVIZZERÀ.

*———— Dottor Angelo, interpretato da Pierce Brosnan,*
*nel film Il tagliaerbe*

Avresti mai pensato che una catena avrebbe potuto renderti libero? Immagino che anche tu, come me, associ a questo oggetto un significato diametralmente opposto. Eppure, è proprio ciò che sta accadendo nel web.

Nella nuova rivoluzione informatica che stiamo vivendo, è proprio una catena ciò che sta spezzando i vincoli verso le strutture centralizzate di controllo.

Ovviamente non si tratta di una catena vera e propria fatta di anelli d'acciaio: è una catena formata da blocchi di informazioni, in gergo definita "blockchain".

Attraverso questo rivoluzionario apparato di algoritmi informatici, possiamo finalmente liberarci da quei sistemi di controllo corruttibili se non addirittura già corrotti. Dopo secoli di centralizzazione della governance, abbiamo raggiunto un progresso tecnologico che ci permette di decentralizzare la gestione di un vastissimo numero di attività, prime fra tutte quelle finanziarie.

Ciò che rappresenta la più grande scoperta dopo l'introduzione di Internet, probabilmente a nostra insaputa ci sta già offrendo un nuovo mondo libero, democratico e "immutabile".

Non preoccuparti se alcuni argomenti inizialmente potranno sembrarti poco chiari. Fidati di me e lasciati guidare: capitolo dopo capitolo tutto inizierà ad avere un senso.

Senza dilungarmi in inutili tecnicismi teorici ma con semplici esempi pratici, ti spiegherò i vari concetti cardine della blockchain e perché questa sta cambiando sensibilmente il nostro modo di vivere.

Muoveremo insieme i primi passi con le criptovalute e alla fine di questo libro sarai in grado di gestire il tuo wallet personale, di muoverti con una certa sicurezza all'interno dei vari servizi di exchange, creare e collezionare NFT (Non Fungible Token) tuffandoti con gioia nelle infinite potenzialità del Metaverso.

Che il viaggio abbia inizio, ci divertiremo.

CAPITOLO 1

# WEB 1.0, 2.0, 3.0: FRUIRE, CREARE, POSSEDERE

INTERNET SI È ROTTO.
LA BLOCKCHAIN PUÒ RIPARARLO.

*Joseph Lubin, co-fondatore di Ethereum*

## Evoluzione in corso

Blockchain, Bitcoin, criptovalute, DeFi, NFT, metaverso. Scommetto che hai già sentito più volte questi termini senza comprenderne realmente il significato. Probabilmente sei riuscito a fartene un'idea più o meno corretta, ma non hai ancora avuto modo di approfondire come vorresti. Notiziari e quotidiani ne parlano sempre più spesso, trattandoli come argomenti scontati per la gente comune. Di sicuro conoscerai anche qualche collega che si è arricchito imparando "l'alchemica arte" del trading di criptomonete.

Insomma, vorresti capirci anche tu qualcosa ma ritieni che siano concetti troppo complessi?

Nessun problema, caro amico, sono qui per te proprio per questo.

In maniera quanto più semplice, voglio spiegarti le meraviglie di questa tecnologia facendoti scoprire quanto sia alla portata di tutti. Alla fine di questo libro sarai in grado di configurare e gestire un portafoglio di criptovalute (proprio come Bitcoin o Ethereum), minarle con il tuo comune PC o acquistarle tramite un exchange, creare e collezionare NFT e immergerti nell'imminente futuro rappresentato dal Metaverso.

## Ritorno all'autocontrollo

La differenza tra un pugnale e un bisturi può essere molto sottile. Si tratta in entrambi i casi di lame, ma mentre la prima viene utilizzata per ferire, la seconda è in grado di salvare una vita.

Come ogni strumento, anche il web può cambiare il suo fine in base a come viene sfruttato.

La rete sta attraversando un momento per certi aspetti controverso, ma siamo ancora in tempo per correggerne l'uso che ne facciamo. Da strumento di controllo deve tornare a rappresentare una via per la libertà. Nel 2017, in occasione del ventottesimo compleanno di una delle invenzioni più incredibili della storia dell'umanità – il web, appunto –, il suo creatore Tim Berners-Lee, con un post del 12 marzo pubblicato sul sito della Web Foundation, ha dichiarato:

> Ho immaginato il web come una piattaforma aperta che permettesse a tutti, in tutto il mondo, di condividere le informazioni, le opportunità di accesso e di collaborare oltre i confini geografici e culturali. In molti modi, il web è stato all'altezza di questa visione, anche se è stata una battaglia costante il mantenerlo aperto[1].

---

[1] https://webfoundation.org/2017/03/web-turns-28-letter

Contestualmente ha poi reso pubblici i suoi più che fondati timori, puntando l'attenzione su tre problematiche da affrontare con urgenza affinché la sua creatura potesse continuare a essere libera, imparziale e disponibile per l'intera umanità. Secondo il padre fondatore del world wide web, a essere severamente compromessi sono il controllo dei propri dati, la trasparenza delle informazioni e la democrazia online.

L'attuale modello di business di molti social network si basa contenuti gratuiti in cambio di dati personali. Sebbene consapevoli di barattare la nostra privacy con dei servizi, i nostri dati restano memorizzati in server che non sono di nostra proprietà e di cui, quindi, non abbiamo il controllo. Questo marasma di informazioni – che va a formare l'onda dei "big data" – potrebbe essere ceduto o venduto a terzi, calpestando i nostri diritti e la nostra privacy.

Creare campagne di disinformazione e propaganda mirata a piegare l'opinione pubblica non è mai stato così facile. Oggi, infatti, la maggior parte delle persone cerca e trova notizie sul web attraverso i social media e i motori di ricerca. Il tutto avviene in maniera rapida e costante, spesso senza soffermarsi sull'attendibilità delle fonti. Gran parte dei siti d'informazione, inoltre, genera profitti dalle visualizzazioni e dai click sui link sponsorizzati (c'è da considerare l'aspetto economico, dunque). Tali siti scelgono automaticamente cosa mostrarci attraverso algoritmi che "imparano" grazie all'incessante raccolta delle nostre preferenze e abitudini. In tal modo sono in grado di farci vedere solo quei contenuti verso i quali possiamo avere un'elevata possibilità di interessarci e, quindi, di mostrare tale interesse con un click. Tuttavia, le pagine su cui si viene dirottati sono spesso lontane da quello che ci aspettiamo, innescando il subdolo meccanismo della disinformazione. Il risultato è che questi siti ci mostrano sovente contenuti falsi o progettati con il proposito di fare appello ai nostri pregiudizi.

Il crescente numero delle persone che si informano soltanto attraverso le solite piattaforme e il sempre maggior impiego di algoritmi in grado di prevedere gli interessi degli utenti stanno modificando, rendendolo sempre più articolato, il settore della pubblicità politica online poiché permettono di realizzare campagne attraverso annunci mirati a specifici gruppi di persone.

Alcune fonti sostengono che durante le elezioni 2016 degli Stati Uniti, su Facebook venivano visualizzate ogni giorno fino a 50.000 inserzioni sul tema. Le pubblicità mirate e i siti di fake news permetto di divulgare notizie contrastanti in base alla diversa nicchia di riferimento. Uno scenario ben lontano dalla democrazia a cui aspira e ha aspirato fin dalle sue origini il web. Lo stesso Berners-Lee, in un'intervista al quotidiano britannico "The Guardian" ha detto:

> Il sistema è compromesso da pochi giganti che governano il web, e il clickbait sta uccidendo verità e democrazia[2].

Il governo delle informazioni e il potere mediatico in mano alle grandi aziende di Internet rappresentano solo alcuni dei temi in questione.

Gli aspetti prettamente economici sono ancora più allarmanti. In un mondo in cui ormai denaro e conti corrente sono di natura totalmente digitale, il controllo centralizzato di banche e istituzioni finanziare può mettere seriamente a rischio la libertà economica in determinati contesti. Un esempio recente e concreto è ciò che è accaduto a febbraio 2022 in Canada dove, di fronte al continuare delle proteste dei camionisti no-vax, il primo ministro Justin Trudeau ha minacciato il congelamento dei conti bancari dei manifestanti. E potremmo andare avanti per ore con esempi per ogni settore in cui il controllo centralizzato ha seriamente compromesso le nobili aspirazioni per cui il web e Internet sono stati creati.

---

[2] https://www.theguardian.com/technology/2017/nov/15/tim-berners-lee-world-wide-web-net-neutrality

Per capire appieno l'importanza dei mutamenti in corso, ritengo necessario fare un piccolo passo indietro. Negli ultimi trent'anni, infatti, il web è progredito in maniera vertiginosa, tanto da un punto di vista funzionale quanto da un punto di vista concettuale.

Andiamo con ordine e scopriamo l'evoluzione del web dalla sua nascita fino ai giorni nostri analizzando nello specifico le sue tre diverse fasi.

## Web 1.0: modalità di sola lettura

La nascita del world wide web risale all'estate del 1991, quando l'informatico inglese Tim Berners-Lee pubblica ufficialmente il suo primo sito web. La sua reale diffusione, però, inizia solo un paio di anni dopo con l'introduzione del primo browser grafico denominato "Mosaic". Ai suoi esordi il web è un servizio che permette di fruire dei contenuti in maniera esclusivamente statica. Nell'era del web 1.0, i siti sono realizzati per essere fruiti in "sola lettura", senza alcuna possibilità di interazione da parte dell'utente. Si tratta di pagine contenenti testi, immagini e collegamenti ipertestuali che consentono di navigare tra di esse. Nulla di più.

Eppure, il web rappresenta già una vera rivoluzione dall'inestimabile potenziale. Per la prima volta, infatti, vengono abbattuti i limiti geografici per la diffusione delle informazioni.

Come spesso accade con le tecnologie in fase di sviluppo, il web non è ancora alla portata di tutti, neanche dei fortunati che già dispongono di una connessione a Internet. Per partecipare attivamente e condividere le proprie informazioni è necessario ricorrere a un costoso web server dove pubblicare la propria "home page".

In seguito, grazie all'introduzione dei database e all'utilizzo di sistemi di gestione dei contenuti (CMS, Content Management System) e, quindi, dei forum di discussione, si inizia ad avere un assaggio di interattività tra gli utenti.

Alcuni definiscono "web 1.5" questa fase di ancora limitata partecipazione. Gli esperti concordano nel considerarla conclusa nel 2004, dopo l'esplosione della bolla speculativa iniziata nel 2001, che genera la cosiddetta "crisi del dot-com" durante la quale falliscono numerose aziende nate dalle frenetiche aspettative scaturite da Internet.

# Web 2.0:
# massima condivisione, totale centralizzazione

Il web ha bisogno di chiudere i ponti con le delusioni del passato. Le aziende e gli investitori della New Economy necessitano di trovare un nuovo nome per quella che è, in pratica, la naturale evoluzione della rete. Si volta pagina con ciò che i giornalisti di settore iniziano a chiamare "web 2.0", caratterizzato da una serie di servizi e nei cui contenuti l'utente, da semplice fruitore, diventa protagonista.

È proprio in questa fase che nasce la maggior parte dei servizi web oggi ben nota a tutti: Facebook, Twitter, YouTube e anche Wikipedia, la prima "enciclopedia partecipata" disponibile gratuitamente in tutto il mondo e realizzata con l'impegno collettivo di migliaia di volontari. Nel contempo, inizia a svilupparsi il concetto di sharing economy grazie a realtà di successo come Uber e Airbnb.

Il numero dei dispositivi connessi a Internet e la banda a disposizione cresce in maniera esponenziale, permettendo a chiunque di partecipare e condividere online i propri contenuti.

Ma non è tutto oro quel che luccica. Sull'altra faccia della medaglia troviamo un invalicabile monopolio da parte dei giganti del web. Realtà come Google, Facebook o Amazon attirano la quasi totalità del traffico web, disponendo di ineguagliabili risorse economiche e di una potenza di calcolo quasi illimitata. Questo rende inutile per qualsiasi startup tentare un qualunque tipo di competizione su quei fronti. C'è, inoltre, il problema del possesso dei dati per svariate piattaforme. Gli utenti, infatti, anche se in teoria proprietari dei contenuti, ne cedono consapevolmente la custodia, se non addirittura tacitamente il possesso, in cambio di servizi gratuiti.

La preoccupazione risiede nel fatto che, finché questi dati restano archiviati in database centralizzati, i reali proprietari ne perdono il controllo con il rischio che vengano persi per sempre o, peggio, divulgati a terzi non autorizzati all'accesso.

# Web 3.0: possesso e decentralizzazione

Le problematiche emerse durante lo svilupparsi del web 2.0 spingono molti esperti – tra cui, come già detto, lo stesso Berners-Lee – a ritenere necessaria una sensibile ristrutturazione del web: un significativo cambio di rotta che lo riporti alla sua essenza originale di piattaforma libera e universale.

Tutto questo oggi è realmente attuabile grazie a una serie di nuove tecnologie, prima tra tutte la blockchain. Secondo molti si tratta della più grande rivoluzione dall'avvento del web, il cui concetto alla base è riassumibile in una sola parola: decentralizzazione.

Attraverso la blockchain, il web 3.0 perfeziona il concetto di rete Internet così come lo conosciamo oggi, aggiungendo delle caratteristiche chiave quali: strutture decentralizzate; assenza di intermediari; self-governing; pagamenti nativi; possesso e persistenza dei dati.

Come già detto, la principale differenza rispetto al passato risiede nella decentralizzazione, ovvero l'assenza di un server principale in favore di un'infrastruttura condivisa che, senza alcuna autorità centrale, è in grado di garantire totale trasparenza, neutralità e assenza di censura. La mancanza di un server centrale esclude la necessità di intermediari in cui riporre la propria fiducia. Non esiste, quindi, un sistema di vigilanza principale; tale compito, al contrario, è affidato ai singoli soggetti che partecipano alla rete. Tutti (o quasi) controllano tutti secondo specifiche regole, prefigurando in tal modo una sorta di governance globale.

Possiamo tranquillamente asserire che la fiducia nelle istituzioni o in un unico organismo adibito (almeno apparentemente super partes), nel web 3.0 viene trasferita a un sistema decentralizzato e incorruttibile.

Ultimo, ma non per importanza, fattore rilevante è il ritorno al possesso dei propri dati. Ogni utente, infatti, può decidere con chi condividerli e in che modo, traendone eventualmente anche profitto. Inoltre, l'archiviazione ridondante dei dati su diversi nodi distribuiti riduce al minimo la possibilità che questi vengano persi per sempre. Non si tratta, però, di semplice storage delle informazioni. Nel web 3.0 anche le applicazioni possono essere eseguite su blockchain. In questo caso si parla di DApp (Decentralized Applications) dove i diversi nodi della rete condividono la propria capacità di calcolo in cambio di un incentivo economico in criptovalute o token. Approfondiremo questi argomenti nei capitoli successivi.

Sebbene resti la più importante, è giusto chiarire che la blockchain è solo una delle novità alla base del web 3.0, il quale è caratterizzato anche da intelligenza artificiale, analisi geospaziale e semantica dei dati. Concorderai con me che non è nostro reciproco interesse approfondire qui questi temi. Iniziamo, quindi, a entrare nel vivo dei vari aspetti tecnici della decentralizzazione[3], dei suoi risvolti pratici, come le criptovalute, e delle entusiasmanti possibilità che si aprono grazie agli NFT e il Metaverso.

---

[3] Tra le numerose tecnologie che danno vita al web 3.0, l'insieme di quelle esclusivamente dedite alla decentralizzazione vengono comunemente raggruppate sotto la dicitura "web3" (riportato senza spazi e senza lo 0 finale).

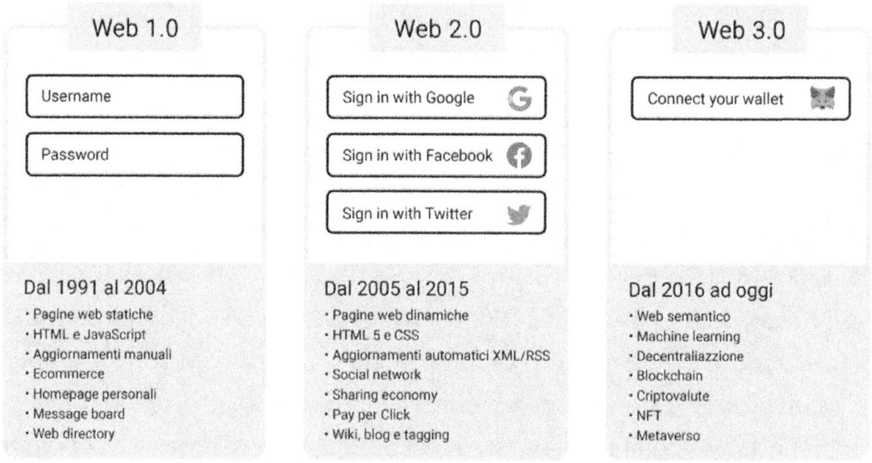

| Web 1.0 | Web 2.0 | Web 3.0 |
|---|---|---|
| Username | Sign in with Google   G | Connect your wallet |
| Password | Sign in with Facebook | |
| | Sign in with Twitter | |
| **Dal 1991 al 2004** | **Dal 2005 al 2015** | **Dal 2016 ad oggi** |
| · Pagine web statiche | · Pagine web dinamiche | · Web semantico |
| · HTML e JavaScript | · HTML 5 e CSS | · Machine learning |
| · Aggiornamenti manuali | · Aggiornamenti automatici XML/RSS | · Decentraliazzione |
| · Ecommerce | · Social network | · Blockchain |
| · Homepage personali | · Sharing economy | · Criptovalute |
| · Message board | · Pay per Click | · NFT |
| · Web directory | · Wiki, blog e tagging | · Metaverso |

**Figura 1.1** – L'evoluzione del web dal 1991 ad oggi.

CAPITOLO 2
# BLOCKCHAIN E DLT

UN'ARMA SEMPLICE E DEMOCRATICA
CHE DIA GLI ARTIGLI AI DEBOLI.

*—————————— George Orwell, You and the Atomic Bomb*

## Cos'è la tecnologia blockchain?

Tutto ha origine nel 2008 con la pubblicazione dell'articolo Bitcoin: A Peer-to-Peer Electronic Cash System: nascosto dal misterioso pseudonimo di Satoshi Nakamoto, inviando il suo white paper (in italiano talvolta tradotto come "libro bianco": si tratta del documento con le specifiche della tecnologia)[1] alla mailing list The Cryptography tramite il sito https://www.metzdowd.com, l'inventore di Bitcoin (BTC) introdusse per la prima volta i concetti alla base della catena di blocchi d'informazioni. La blockchain è una tecnologia che, come vedremo, permette uno svariato numero di applicazioni in numerosi settori.

---

[1] Cfr. https://bitcoin.org/bitcoin.pdf

Il suo scopo principale è quello di decentralizzare, ovvero fare a meno di intermediari e organi centrali come banche, notai o istituzioni finanziarie. Nakamoto, dopo averne gettato le fondamenta, attraverso questa innovazione ha potuto dar vita a Bitcoin che è, allo stato attuale, la più popolare criptovaluta (valuta virtuale).

È bene precisare fin da subito che Bitcoin e blockchain sono due cose ben distinte e separate. Se ti avvicini per la prima volta a questi concetti potresti facilmente confonderti.

Cercherò di spiegarti meglio la differenza con un semplice paragone:
–   il web è una tecnologia che permette di diffondere le informazioni;
–   uno degli strumenti più diffusi per interagire con esse sono i motori di ricerca;
–   Google è sicuramente il più noto tra questi.

In maniera analoga:
–   la blockchain è una tecnologia utile a registrare informazioni;
–   uno degli utilizzi più diffusi è costituito dalle criptovalute;
–   BTC è la prima e la più famosa di queste.
In parole povere, BTC si fonda sulla blockchain ed è uno dei più popolari esempi pratici di essa.

Per blockchain si intende un registro digitale le cui informazioni sono raggruppate in "blocchi" concatenati in ordine cronologico, la cui integrità è garantita dall'uso della crittografia. Il suo contenuto, una volta registrato in seguito a un particolare processo di validazione, non può essere più modificato o cancellato senza "spezzare" la catena e invalidare tutte le informazioni racchiuse nei blocchi successivi.

Si tratta, quindi, di una sorta di libro mastro digitale (detto "ledger"), distribuito tra tutti i nodi del network, i quali sono responsabili dell'approvazione e dell'archiviazione di ogni nuovo blocco di dati che viene di volta in volta concatenato al precedente.

Attraverso l'utilizzo della crittografia e dei protocolli di consenso è possibile aggiungere nuovi blocchi di informazioni, mentre non è consentita la rimozione o anche solo la modifica dei blocchi precedentemente aggiunti alla catena, garantendo così immutabilità e sicurezza delle informazioni archiviate, senza la necessità di un ente che controlli l'intero processo.

Ed è proprio in questo che risiede il grande potenziale di questa innovazione. Viene meno la necessità di riporre la fiducia "centralizzata" in un intermediario super partes, a favore di un sistema "decentralizzato" in cui la fiducia viene accordata, invece, a tutti gli attori del network che, nel momento in cui decidono di parteciparvi, ne accettano l'incorruttibile algoritmo di consenso che giudica la validità dei nuovi blocchi da concatenare.

Nel caso delle criptovalute, ogni moneta virtuale "coniata" e ogni transazione, blocco dopo blocco, vengono indelebilmente registrati nei loro enormi libri contabili la cui copia è condivisa da ogni nodo della rete. Tutti i nodi che partecipano, ad esempio, alla rete Bitcoin condividono lo stesso ledger. Per tali motivi, possiamo definire la blockchain una struttura di dati trasparente, condivisa e immutabile.

# Non solo criptovalute

 L'INVENZIONE DELLA BLOCKCHAIN DA ANCORA
PIÙ POTERE ALLE PERSONE E SFIDA L'INSIDIOSA
CULTURA DELLA PROPRIETÀ E DEL CONTROLLO.
LA TECNOLOGIA ALLA BASE DEL BITCOIN SPEZZA
LA MASSIMA DI ORWELL

*Julian Assange*

Quello delle valute virtuali è solo uno degli impieghi della tecnologia blockchain. Sicuramente il più diffuso e noto, anche per la tanta speculazione che ne viene fatta in ambito trading.

Ma la blockchain può essere applicata con successo ad ambiti anche molto diversi. Te ne mostro alcuni, ma tieni presente che si tratta solo di esempi di utilizzo della blockchain al di fuori delle più comuni criptovalute: ormai, infatti, assistiamo continuamente all'adozione di questa tecnologia in ogni settore in cui sia necessario garantire decentralizzazione, tracciabilità e sicurezza dei dati.

## Democrazia partecipativa

Per questioni legate alla sicurezza, le votazioni online non sono mai state valutate seriamente. La blockchain, grazie alla sua natura immutabile e trasparente, può rappresentare una valida soluzione a questo problema.

Nella primavera del 2014 il partito politico danese Alleanza liberale è stato il primo grande partito a votare utilizzando la tecnologia blockchain per un'elezione interna.

Durante le presidenziali del 2018 in Sierra Leone per la prima volta nella storia la tecnologia blockchain è stata utilizzata nell'elezione di un governo nazionale. I risultati sono stati memorizzati nel registro blockchain della fondazione svizzera Agorà. Rispetto al conteggio manuale, il sistema di registrazione digitale del voto ha permesso di rendere pubblici i risultati della consultazione in tempi drasticamente più brevi e con totale trasparenza.

## Trasparenza dei registri immobiliari

Decisamente sensata è l'applicazione della tecnologia blockchain ai registri del catasto o alle transazioni immobiliari.

A maggio 2015 l'Honduras ha avviato il progetto di una soluzione permanente e sicura di registri immobiliari basato sulla blockchain. Il sistema, sviluppato dalla società statunitense Factom, permetterebbe di affrontare in maniera definitiva il problema dei funzionari corrotti che modificano l'elenco dei titoli immobiliari nei paesi emergenti.

Anche paesi come la Svezia o il Ghana hanno già digitalizzato il loro catasto attraverso sistemi blockchain. In questo modo i proprietari di terreni e immobili sono protetti da imbrogli, poiché ogni cambiamento di proprietà è rintracciabile. Qualsiasi tipo di manipolazione scorretta diventa estremamente difficile da realizzare senza risultare evidente a chiunque abbia accesso alla rete.

# Tracciabilità delle catene di approvvigionamento

Nel commercio delle materie prime la blockchain permette di documentare la provenienza e la data di produzione di un prodotto senza falle o falsificazioni. In combinazione con l'uso di sensori, il trasporto del prodotto viene monitorato conferendo alla catena di distribuzione un importante aumento di trasparenza.

La startup inglese Provance ha sviluppato una piattaforma che utilizza blockchain per tracciare le origini delle materie prime attraverso le supply chain globali. L'azienda ha recentemente completato un progetto pilota che utilizza le blockchain per tracciare la provenienza dei tonni pescati in Indonesia. La tracciabilità del prodotto, oltre a garantire la sostenibilità ambientale, permette pure di verificare che il lavoro sia svolto senza ingiusti sfruttamenti della manodopera.

Anche il grande retailer americano Walmart in collaborazione con IBM sta sperimentando questa tecnologia per sviluppare una soluzione che tracci i prodotti "dalla terra alla tavola". Attraverso l'immutabilità e la sicurezza dei dati garantite dalla blockchain è possibile registrare ogni singolo passaggio di produzione o lavorazione, rendendo questi dati accessibili a tutte le parti autorizzate. Così il produttore delle materie prime e dei prodotti lavorati può tracciare molto più efficacemente costi e tempi di produzione e il trasportatore, allo stesso modo, può pianificare tempi e costi di consegna: tutto questo a beneficio dell'intera catena distributiva. Il consumatore, infine, è in grado di verificare con certezza la reale provenienza del prodotto acquistato.

Grazie alla rivoluzione della blockchain sta scaturendo, quindi, a sua volta la quarta rivoluzione industriale. Inizia ad affermarsi, infatti, il concetto di industria 4.0 dove la produzione e l'approvvigionamento sono sempre più automatizzati e interconnessi.

## Attendibilità delle notizie

Nel 2020, l'ANSA, per certificare le proprie notizie e arginare il fenomeno delle fake news, è stata la prima agenzia di informazione in Italia a ricorrere alla blockchain.

Il processo che sottende questo modello di gestione si attiva in tre fasi:

1. quando una notizia viene creata da ANSA, la blockchain registra il suo identificativo in modo da poterla tracciare in maniera univoca;
2. se la notizia viene modificata o aggiornata da ANSA, la blockchain ne registra l'evento permettendo un versioning trasparente;
3. se la notizia viene ripresa dai publisher aderenti all'iniziativa, la blockchain verifica l'autenticità della news protocollata da ANSA e ne registra l'evento di ripresa abilitando le future consultazioni della news ripresa dal publisher grazie al bollino "ANSAcheck".

Il bollino di tracciamento delle notizie "ANSAcheck" consente di risalire alla storia di ciascuna news, garantendo al lettore la tracciabilità del dato e la trasparenza dell'informazione, e permettendo così di verificare l'autenticità delle fonti delle notizie.

## Potenza di calcolo illimitata

Nata nel 2016, l'Internet Computer rappresenta la terza più importante innovazione blockchain, insieme a Bitcoin ed Ethereum. Si tratta di un supercomputer distribuito la cui enorme potenza di calcolo è ricavata dall'unione delle forze di tutti i nodi che partecipano al network.

Nello stesso anno è stato annunciato anche il Golem Project, un progetto analogo che mira a creare una rete di calcolo decentralizzata. Si tratta di un nuovo modo di distribuire potenza di calcolo ridondante a coloro che ne fanno richiesta, pagando il servizio attraverso la sua valuta virtuale. Golem punta al mercato di applicazioni che richiedono molta potenza di calcolo come il rendering grafico o il Machine Learning.

Lo scopo di queste soluzioni è quello di fornire cospicue risorse di calcolo per progetti impegnativi senza il coinvolgimento di autorità centrali.

## Ledger, DLT e database distribuiti

Chiariti gli scopi e le immense potenzialità della blockchain, possiamo ora addentrarci nei suoi aspetti più tecnici e comprenderne le dinamiche che permettono di far funzionare, in linea di massima, le logiche alla sua base. Uno dei fini principali di una blockchain è quello registrate dati e certificarne la validità.

Questo tipo di tecnologia appartiene alla più vasta categoria delle Distributed Ledger ("archivi distribuiti").

Per semplificare, le DLT possono essere definite come quei sistemi che fanno riferimento a un registro distribuito, il cui accesso e modifica dei dati sono consentiti ai vari nodi che fanno parte della stessa rete.

Le informazioni salvate possono essere di qualunque tipo, dalla semplice transazione di un bene (ad esempio, criptovalute) a interi software (ad esempio, smart contract).

Il concetto è simile a quello di un tradizionale libro mastro, in inglese chiamato, appunto, "ledger". A proposito delle valute virtuali, potremmo immaginarlo come un enorme registro contabile nel quale viene registrato in maniera indelebile ogni tipo di transazione.

Ovviamente i ledger esistono da secoli, molto prima dell'invenzione della blockchain, ma mentre la loro funzione non è cambiata nel tempo, la tecnologia sulla quale sono basati si è evoluta in maniera esponenziale.

I voluminosi registri cartacei di un tempo sono stati sostituiti da archivi digitali informatizzati.

In pratica, la blockchain è una tipologia di ledger digitale.

In apparenza questo concetto potrebbe essere associato a quello dei database. Entrambe le tecnologie, infatti, permettono di registrare informazioni, ma mentre nei database si possono inserire, modificare e cancellare i dati, in un ledger è possibile esclusivamente aggiungere nuove informazioni senza poter alterare in alcun modo quanto registrato fino a quel momento.

Tutto questo grazie alla combinazione di vari fattori come la decentralizzazione, la crittografia e gli algoritmi di consenso che approfondiremo successivamente.

Sebbene un ledger potrebbe essere inteso come una sorta di database nel quale è consentito solamente aggiungere informazioni, blockchain e database sono due soluzioni ideate per soddisfare esigenze molto differenti.

Rispetto ai comuni database, le caratteristiche specifiche delle blockchain la rendono una tecnologia particolarmente allettante in diversi scenari. Ad esempio, mentre un tradizionale database prevede un accesso controllato e limitato a utenti noti e affidabili (al fine di preservare l'attendibilità dei dati), la blockchain risulta molto più adeguata in contesti in cui l'accesso alle informazioni non richiede autorizzazioni specifiche sia in lettura che in scrittura, ma garantendo allo stesso tempo, paradossalmente, elevanti standard di sicurezza e immutabilità dei dati.

Ciò è possibile perché il ledger digitale di una blockchain è strutturato come una catena di blocchi di informazioni. Questi, per essere approvati ed effettivamente aggiunti nel registro distribuito, devono ottenere il consenso di tutti i partecipanti secondo specifiche regole.

# Unpermissioned ledger e permissioned ledger

Per comprendere bene gli ambiti di utilizzo delle tecnologie DLT che stanno alla base della blockchain, occorre prima chiarire la distinzione tra unpermissioned ledger (o permissionless ledger) e permissioned ledger.

La principale differenza risiede nella selezione degli attori che possono partecipare all'interno della rete, ovvero coloro che possono dare il consenso ad aggiungere le informazioni all'interno del registro.

L'esempio più popolare di permissionless ledger è ancora una volta Bitcoin. La caratteristica di queste DLT consiste nel fatto che sono aperte a tutti: non hanno, quindi, un'autorità a cui sottostare e sono concepite per non essere controllate. Le permissionless ledger permettono a chiunque, senza alcun tipo di permesso appunto, di partecipare all'aggiornamento delle informazioni sul ledger. Qualsiasi partecipante al sistema è un validatore e dispone di un'intera e immutabile copia del registro. Questo modello, inoltre, ostacola ogni forma di censura. Ad esempio, nessuno può impedire che un'informazione possa essere aggiunta al ledger una volta che essa ha raggiunto il consenso necessario tra tutti i nodi partecipanti.

Al contrario delle permissionless ledger, le permissioned ledger possono essere controllate e, dunque, possono essere di proprietà. Nel momento in cui un nuovo dato viene aggiunto alla blockchain, il sistema di consenso non è vincolato dalla maggioranza dei partecipanti ma solo da un numero limitato di attori ritenuti fidati (trusted). Questo tipo di blockchain può essere utilizzato da istituzioni e banche che devono gestire filiere con una serie di attori o industrie che devono interagire con fornitori e operatori nell'ambito del retail. Le permissioned ledger, con necessità di permesso appunto, prevedono l'esistenza di uno o più attori selezionati che effettuano la convalida dei dati nel network. Per tale motivo esse sono più performanti, veloci e più vicine alle esigenze delle imprese rispetto alle permissionless ledger.

# Blockchain pubbliche e private

Oltre a una suddivisione per permessi di convalida e scrittura, è possibile distinguere le blockchain tra accessi pubblici e privati.

Come opportunamente ci evidenzia uno studio dell'Università di Cambridge[2], per fare le giuste distinzioni occorre innanzitutto categorizzare i possibili ruoli dei partecipanti a una blockchain:
— lettura: accedere ai dati in blockchain;
— scrittura: sottoporre operazioni alla blockchain;
— convalida: eseguire il protocollo di consenso e aggiornare lo stato della blockchain con l'aggiunta di un nuovo blocco.

È possibile distinguere le blockchain in funzione dei permessi di accesso alla lettura dei dati in:
— blockchain pubbliche: nessuna restrizione per l'accesso ai dati;
— blockchain private: accesso ai dati riservato a un ristretto numero di soggetti.

Inoltre, si possono distinguere le blockchain in funzione ai loro permessi di scrittura e convalida in:
— blockchain permissionless: nessuna restrizione per eseguire le operazioni di scrittura e convalida;
— blockchain permissioned: solo un esclusivo gruppo di soggetti ha il permesso di eseguire operazioni di scrittura e convalida.

---

2 Cfr. G. Hileman, M. Rauchs, Global Blockchain Benchmarking Study, 2017, https://assets.ey.com/content/dam/ey-sites/ey-com/en_gl/topics/emeia-financial-services/ey-global-blockchain-benchmarking-study-2017.pdf

Ne deriva che le blockchain private possono solo essere permissioned, in quanto i partecipanti alla scrittura e alla convalida dei dati non possono che essere circoscritti.

Differentemente dalle blockchain private, in cui i permessi di accesso e scrittura sono gestiti in modo centralizzato da un'organizzazione, i consortium blockchain sono blockchain in cui i permessi vengono gestiti da più organizzazioni contemporaneamente. Queste vengono anche considerate "blockchain parzialmente decentralizzate" (partially decentralized blockchain).

Lo schema di seguito ti chiarirà meglio le diverse tipologie.

| | | Lettura | Scrittura | Utilizzo | Esempio |
|---|---|---|---|---|---|
| **Pubblica** | Permissionless | Consentita a chiunque | Consentita a chiunque | Consentito a chiunque | Bitcoin |
| | Permissioned | Consentita a chiunque | Partecipanti autorizzati | Partecipanti autorizzati | EOS |
| **Privata** | Consortium | Riservata ad un gruppo di partecipanti | Partecipanti autorizzati | Partecipanti autorizzati | Network di banche diverse |
| | Permissioned | Riservata ad un limitato numero di partecipanti | Amministratori del network | Amministratori del network | Ledger privato di una banca |

A ogni modo, per concludere possiamo affermare che a prescindere dalle diverse tipologie di permessi per l'accesso ai dati, dal punto di vista strutturale al cuore di qualunque tipo di blockchain troviamo sempre un ledger digitale.

# Blocchi e hash

Come già anticipato, in una blockchain il ledger è strutturato come una catena di blocchi all'interno dei quali vengono memorizzate informazioni. Il tipo di dati può variare da blockchain a blockchain. Queste possono riguardare registri di transazioni, come nel caso di Bitcoin, oppure dei veri e propri programmi come nel caso di Ethereum. Approfondiremo nei capitoli successivi entrambi questi aspetti.

**DEFINIZIONE** Un blocco è definibile come un insieme di dati registrati nella blockchain.

Tutti questi blocchi di dati vengono aggiunti in modo sequenziale, concatenati in maniera indissolubile, uno dopo l'altro. Essi vengono elaborati, approvati e infine registrati uno alla volta da tutti i nodi della blockchain rispettando lo stesso preciso ordine.
Ciò che assicura a tutti i partecipanti di registrare i blocchi secondo la sequenza corretta è la funzione di hash.

# La funzione di hash

Sebbene le dimensioni e il tipo di informazioni presenti in ogni blocco possano variare di blockchain in blockchain, la loro concatenazione viene sempre generata mediante una specifica funzione crittografica, detta "funzione di hash", che crea un collegamento matematico e univoco tra di essi.

**DEFINIZIONE** La funzione di hash è un algoritmo che consente di convertire una stringa di lunghezza arbitraria in una stringa alfanumerica di lunghezza prefissata, in gergo chiamata "digest".

Potremmo paragonare l'hash alle impronte digitali delle dita di una mano, le quali sono uniche per ogni individuo. Allo stesso modo, infatti, ogni input può generare un hash univoco. Per tale motivo l'hash viene comunemente definito come l'impronta digitale di un file.

L'input di una funzione di hash può essere di qualsiasi tipo o dimensione, da un comune file PDF di pochi megabyte all'intero ledger di una blockchain dalle dimensioni di diversi terabyte, ma l'output che verrà generato da questa avrà sempre lo stesso numero definito di caratteri.

Ad esempio, la funzione di hash SHA 256 (Secure Hash Algorithm 256) usata con Bitcoin, genera un digest a 256 bit, ovvero una striga alfanumerica lunga sempre 64 caratteri a prescindere dalla lunghezza della stringa di partenza.

| Input | Funzione di Hash | Output |
|-------|------------------|--------|
| Ciao! | SHA-256 | 6119CE5B522DBBBCF1F5927EEAB860165AD131E1C6B76AEAD9C0088A9EF85DD3 |
| Ciao! Il mio nome è Mario Rossi. | SHA-256 | 4A6A0CF093407F9001ED95A462A1514C8487FA0571A49699B5FBF63D97D268DD |

Come puoi vedere in questo esempio basato su SHA 256, a prescindere dal numero dei caratteri dell'input, l'output sarà sempre di 64 caratteri.

Volendo semplificare, l'hashing consente di prendere i dati di un blocco e, attraverso uno specifico algoritmo, trasformarli in una stringa di dimensioni fisse detta "hash".

Al variare di un minimo dettaglio nell'input, varia totalmente anche l'output e non è possibile ottenere mai lo stesso output da due input differenti.

| Input | Funzione di Hash | Output |
|---|---|---|
| Ciao! | SHA-256 | 6119CE5B522DBBBCF1F5927E EAB860165AD131E1C6B76AEA D9C0088A9EF85DD3 |
| ciao! | SHA-256 | EEFE92E093E75943262D57EF1 8211898F0B29F2F80C4D0E5B EE36A63BDB13C30 |

Anche il solo variare di un carattere in minuscolo o maiuscolo è sufficiente a generare un risultato completamente diverso.

Attraverso il sito https://www.convertstring.com/Hash/SHA256 puoi provare tu stesso a convertire una stringa in un digest SHA 256.

Probabilmente prima d'ora ti sarà già capitato di imbatterti inconsapevolmente con le funzioni di hash. Ad esempio, effettuando il download di un sistema operativo o di altri software di sicurezza, avrai potuto notare l'hash del file d'installazione. Si tratta di un sistema utile a verificare che il file scaricato non sia stato modificato da virus o malintenzionati per scopi malevoli. Infatti, dopo aver scaricato il file è possibile verificare che questo riporti lo stesso digest indicato dal sito del produttore.

Quest'operazione che controlla l'integrità dei dati è detta "verifica del checksum" (che letteralmente significa "somma di controllo").

Verificare il checksum di un file con la funzione di hash SHA 256 è molto semplice.

Da sistemi macOS, ad esempio, è sufficiente aprire il terminale e digitare il seguente comando:

shasum -a 256 *nomefile*

**Figura 2.1** – Comando shasum su Terminale di macOS.

Da sistemi Windows, invece, il comando prompt è:

certutil -hashfile *nomefile* sha256

Eventualmente, puoi anche scaricare una piccola applicazione con funzioni aggiuntive, denominata MD5 & SHA Checksum Utility (https://raylin.wordpress.com/downloads/md5-sha-1-checksum-utility). Una volta avviata ti basterà indicare il percorso del file per ottenere il suo checksum con diversi algoritmi di hash.

Per i file di piccole dimensioni, potresti tuttavia servirti di uno dei tanti servizi online, come ad esempio gli enm178 Online Tools (https://emn178.github.io/online-tools). In questo caso, dopo aver cliccato sulla voce "SHA 256 File Checksum", è sufficiente trascinare il file interessato nel riquadro "Drop File Here". Nel box sottostante ti verrà mostrato in output il digest del file caricato.

Ovviamente presta attenzione a non inviare file con dati riservati o sensibili.

Questo sistema di verifica viene applicato in maniera più o meno analoga anche nelle blockchain che fanno uso della funzione di hash per vidimare i dati registrati all'interno del loro ledger. Per ogni nuovo blocco generato, infatti, l'hash del blocco precedente viene inserito nell'input per generare l'hash del nuovo blocco.

In pratica, ogni blocco contiene al suo interno l'hash del blocco precedente così che se qualcuno tentasse di alterare alcune informazioni andrebbe a cambiare l'hash del blocco e, di conseguenza, tutti gli hash successivi rendendo evidente la manomissione.

Si tratta di un forte elemento di sicurezza secondo cui anche la modifica un singolo blocco innescherebbe una reazione a catena che andrebbe a modificare tutti i blocchi successivi dell'intera blockchain.

È importante sottolineare che si tratta di un processo unidirezionale (one way), ovvero partendo dal digest non è possibile risalire ai dati originali. L'unico modo per ricreare i dati di input dall'output di una funzione di hash è andare per tentativi, cercando di provare tutte le infinite possibili combinazioni. Si tratta di un numero di calcoli talmente elevato da essere praticamente irrisolvibile dal più potente supercomputer e che richiederebbe anni e anni di elaborazioni. Anche per tale motivo, una volta registrato un dato su blockchain questo non può più essere alterato.

Alla luce di quanto chiarito fin qui, hai finalmente compreso perché la blockchain viene definita come un sistema immutabile.

Finora abbiamo compreso che la blockchain si basa su un registro detto "ledger", caratterizzato da una catena di blocchi di informazioni che vengono salvati in successione, uno dopo l'altro, senza compromettere i dati precedentemente salvati. Coloro che sono in grado di attingere a questa enorme mole di informazioni, partecipando in alcuni casi alla loro generazione, sono considerati nodi.

**IN PRATICA**   Apri il tuo word processor, ad esempio Microsoft Word, o anche una semplice applicazione per gli appunti come Notepad. Crea un nuovo documento di testo e scrivi al suo interno una frase a caso, qualsiasi cosa che ti passi per la testa. Ora salva il file e, attraverso gli strumenti che ti ho indicato in precedenza, calcola il suo checksum e prendine nota.

Dunque, riapri il file in questione e applica una piccolissima modifica. Aggiungi, ad esempio, una virgola in un qualsiasi punto della frase oppure prova a cambiare anche un solo semplice carattere, magari passando dal minuscolo al maiuscolo.

Dopo aver salvato le modifiche al file, calcolando nuovamente il suo checksum potrai constatare un digest totalmente diverso rispetto a prima. Noterai con i tuoi stessi occhi, quindi, come anche la più insignificante alterazione del file non possa passare inosservata di fronte alla verifica del checksum.

## Architettura e nodi

NON PUOI FERMARE COSE COME BITCOIN. SARÀ DAPPERTUTTO E IL MONDO DOVRÀ RIADATTARSI. I GOVERNI MONDIALI SI DOVRANNO RIADATTARE

*John McAfee, fondatore di McAfee Antivirus*

La decentralizzazione che contraddistingue il network di una blockchain è possibile grazie alla partecipazione di un elevato numero di macchine interconnesse tra loro. In questo sistema, ogni computer connesso al network è, in pratica, un nodo.

**DEFINIZIONE** Ogni dispositivo connesso a un network, in grado di comunicare con gli altri che ne fanno parte, è detto "nodo".

Questi concetti non sono affatto nuovi: furono introdotti nel pieno dell'era web 1.0 e sono alla base delle note reti peer-to-peer che hanno permesso il successo dei controversi software di file sharing.

A dar vita all'idea di nodo e di rete peer-to-peer furono Shawn Fanning e Sean Parkere, i due sviluppatori statunitensi che nel lontano 1999 svilupparono Napster, il capostipite dei programmi di condivisione file. Benché sia stato severamente contestato dalle etichette discografiche, che rivendicavano danni legati al copyright dei file .mp3 scambiati tra gli utenti, è stato proprio Napster a rendere popolare il concetto di rete distribuita in modo massiccio con nodi connessi da ogni parte del mondo.

Nonostante il suo enorme successo, con oltre 26 milioni di utenti interconnessi (una cifra incredibile per quei tempi), la piattaforma venne definitivamente chiusa a causa dei continui problemi di natura legale appena due anni dopo il suo lancio.

Tuttavia, i semi di questa tecnologia si erano già diffusi ovunque tra gli sviluppatori e la chiusura di Napster non le impedì di sbocciare in tante altre forme di software. Tutt'altro: proprio per sopperire alla sua mancanza, nacquero software come KaZaA, Gnutella o eMule.

Quasi contemporaneamente a Napster, SETI@home (Search for Extra-Terrestrial Intelligence) è stato il secondo progetto a implementare la struttura di un network di nodi. Il suo scopo era di permettere a numerosi computer interconnessi di analizzare i dati catturati dai radiotelescopi per la ricerca di forme di vita intelligenti extraterrestri.

Diretto dal Laboratorio di Scienze spaziali dall'Università della California, SETI@home consentiva a qualsiasi utente dotato di un computer e di una connessione a Internet di scaricare il suo software gratuito e partecipare al progetto.

Nei suoi anni di attività, è stato il progetto di calcolo distribuito con il maggior numero di partecipanti riuscendo a ottenere anche il riconoscimento dal Guinness dei primati come il più grande calcolo nella storia.

Il suo particolare modo di fare uso della tecnologia peer-to-peer è piuttosto simile all'attuale funzionamento delle reti di nodi che troviamo in svariate blockchain e, sotto alcuni aspetti, potremmo definirlo un precursore della stessa.

## Tipologie di nodo

In base alla loro attività svolta nella rete, i nodi in una blockchain si distinguono essenzialmente in:

- full-node ("nodo completo");
- light-node ("nodo leggero");
- archive-node ("nodo archivio").

Un full-node scarica localmente una copia intera del ledger della blockchain e ha il compito di verificare che ogni blocco sia validato secondo le regole definite dal sistema. Qualora questo si accorgesse di un'anomalia, il blocco verrebbe sempre rifiutato, anche se ritenuto valido da ogni altro nodo della rete.

Fungere da full-node è il modo più sicuro per interagire con una blockchain, ma questo oltre a richiedere il download dell'intera blockchain (nel caso della blockchain di Bitcoin parliamo di quasi 380 gigabyte: dato aggiornato a gennaio 2022), necessita pure di un'adeguata capacità di calcolo.

Al contrario, un light-node non memorizza il ledger dell'intera blockchain ma riceve solo i dati di cui ha bisogno da un nodo completo in cui ripone la propria fiducia. Sebbene possa verificare la validità dei dati ricevuti, un nodo leggero non è interpellato per effettuare alcun controllo sui dati registrati nei blocchi del ledger.

Un esempio di light-node può essere una comune app con funzione di wallet di criptomonete installata su uno smartphone, la quale comunica con un exchange di valute che funge da full-node.

Un'ulteriore tipologia di nodo è l'archive-node. La sua funzione è facilmente intuibile già dal nome: questi nodi fungono da archivio e contengono tutto ciò che può essere trovato in un nodo completo.

Rispetto a un full-node, un archive-node conserva anche l'intera cronologia della blockchain pertinente. Questi nodi, quindi, salvano un'istantanea di tutti gli stati precedenti di una data blockchain per ogni singolo blocco aggiunto dalla sua origine. La loro peculiarità è quella di fornire risposte molto più rapide rispetto a un full-node.

CAPITOLO 3

# ALGORITMI DI CONSENSO

 IL PROBLEMA ALLA BASE DELLE VALUTE CONVENZIONALI È DOVUTO ALLA QUANTITÀ DI FIDUCIA NECESSARIA PER FAR FUNZIONARE IL SISTEMA.
DOBBIAMO FIDARCI DEL FATTO CHE LE BANCHE NON SVALUTINO LA MONETA, MA PURTROPPO LA STORIA È PIENA DI MOMENTI IN CUI QUESTA FIDUCIA NON È STATA RISPETTATA.
DOBBIAMO FIDARCI DEL FATTO CHE LE BANCHE CONSERVINO I NOSTRI SOLDI, MA SPESSO SONO SCOPPIATE BOLLE LEGATE AL CREDITO BANCARIO, E SOLO UNA FRAZIONE DEI SOLDI ERA EFFETTIVAMENTE IN POSSESSO DELLA BANCA.

*Satoshi Nakamoto, creatore di Bitcoin*

## Rischio di controparte

Come abbiamo visto finora, una blockchain è basata sulla cooperazione decentralizzata di tanti nodi distinti, ognuno dei quali dà il proprio contributo nell'elaborazione di specifici calcoli e nell'aggiunta di informazioni nel ledger distribuito.

Questa descrizione fa sembrare tutto molto facile e bello, ma avrai notato che in termini di sicurezza qualcosa non quadra.

Ti sarai senz'altro chiesto come facciano tutti nodi a essere certi che gli altri "colleghi" si comportino correttamente e rispettino le regole in assenza di un ente che supervisioni il lavoro.

Se uno dei nodi scegliesse arbitrariamente di inviare comunicazioni non veritiere per compromettere il network o, ancor peggio, tentasse di falsificare i dati del registro per soddisfare interessi personali, chi potrebbe mai impedirglielo? E nel caso di transazioni di criptovalute, come possiamo esser certi che i nodi registrino nel ledger le corrette informazioni inviando il denaro al giusto destinatario?

Questo problema in ambito finanziario, o comunque laddove vi è un trasferimento di beni, è detto "rischio di controparte".

Quando acquistiamo online un oggetto, il sito di e-commerce si appoggia a un ente super partes – ovvero la banca che fornisce il sistema di pagamento con carta di credito – che verifica che il trasferimento di fondi sia andato a buon fine, mitigando le possibilità che possano esserci scorrettezze tra acquirente e venditore. Ad esempio, supponiamo di acquistare online un qualsiasi prodotto e che l'esercente, una volta ottenuto il pagamento, non ci invii il bene acquistato. Nel caso in cui avessimo utilizzato PayPal per effettuare la transazione, questo si accollerebbe il rischio di controparte andando a mediare con il venditore in caso di contestazioni.

**DEFINIZIONE** Il rischio di controparte è la possibilità che uno dei due soggetti che partecipano a una transazione non adempia ai termini pattuiti.

In sistemi decentralizzati come le blockchain non troviamo alcun ente o figura di rango superiore dedicata a supervisionare la correttezza dei vari soggetti, ma è la rete stessa che per sua natura non permette di aggirare determinate regole chiare e inviolabili. Ogni nodo della rete, quindi, è arbitro e giocatore allo stesso tempo, in uno sport dove tutti controllano tutti in maniera efficiente e democratica grazie a un sistema detto "algoritmo di consenso".

Si tratta di un concetto chiave della blockchain, molto importante soprattutto in contesti di criptovalute e servizi finanziari decentralizzati.

In questi settori, oltre a limitare i rischi di controparte permettendo di tenere traccia di ogni transazione, gli algoritmi di consenso consentono di azzerare il rischio di doppia spesa (double spending), vale a dire di spendere più volte la stessa moneta.

## Double spending e attacco del 51%

L'attacco a doppia spesa permetterebbe a un malintenzionato di utilizzare due o più volte la stessa unità di criptovaluta.

Nel momento in cui paghiamo in contanti in un negozio, cediamo all'esercente la banconota fisicamente con il suo valore tangibile. Ovviamente, tralasciando casi di contraffazione, quella banconota – intercambiabile con una o più banconote dello stesso valore – sarà unica e inimitabile, identificabile dalla zecca di Stato dal suo numero di serie che la rende irripetibile.

Una situazione leggermente diversa si verifica con i pagamenti elettronici. Sia che ci troviamo in un negozio fisico, sia che ci troviamo in uno store online, nel momento in cui completiamo un acquisto con carta di credito, un istituto bancario incaricato fungerà da intermediario per effettuare la transazione e aggiornare il saldo a disposizione.

In caso di pagamenti tramite criptovalute, invece, chi può garantire che una specifica moneta non venga utilizzata per più transazioni contemporaneamente? Come abbiamo già accennato, il ledger della blockchain è come un libro mastro di tutte le transazioni già avvenute. In caso di incongruenze tra questo e una nuova transazione in corso sarà l'algoritmo di consenso a intervenire non validando quest'ultima come corretta.

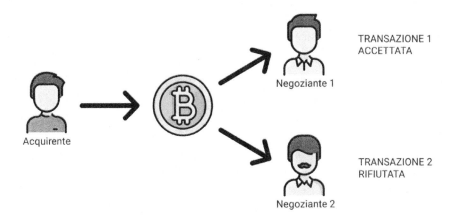

**Figura 3.1** – Double spending sul network Bitcoin.

Anche se mai accaduto finora (ed è molto difficile che accada in futuro), con criptovalute affermate in teoria l'unico modo per riuscire in una doppia spesa sarebbe attraverso il cosiddetto "attacco del 51%" nel quale oltre la metà dei nodi facenti parte della blockchain (o comunque con oltre la metà del totale della sua capacità di calcolo) si accordano per modificare forzatamente l'intero archivio delle transazioni registrate nel ledger fino a quel preciso momento. Si tratterebbe di condizioni più uniche che rare e che andrebbero a ledere gli interessi comuni di tutti i nodi.

Scopriamo di seguito come nascono e quali sono le principali tipologie di algoritmo di consenso.

# Il problema dei generali bizantini

Nel 1982, il matematico statunitense Leslie Lamport insieme ad altri suoi colleghi, nel tentativo di semplificare la spiegazione di uno dei più complessi problemi nel campo dell'informatica, fece utilizzo di una simpatica metafora in un articolo intitolato Il problema dei generali bizantini[1].

Il nocciolo della questione riguarda come raggiungere il consenso tra più soggetti distanti che devono rispondere unitamente a un quesito, mettendo in discussione l'affidabilità delle comunicazioni e l'integrità degli interlocutori. In pratica, quindi, il problema consiste nel trovare un accordo, comunicando solo tramite messaggi, tra componenti diversi nel caso in cui siano presenti informazioni discordanti.

Supponiamo che alcuni generali dell'esercito bizantino, dopo aver circondato con i propri soldati una città, debbano di comune accordo decidere di attaccarla simultaneamente o ritirarsi in massa. Non è importante quale sia la loro scelta definitiva; ciò che conta è che tutti i generali siano d'accordo sulla mossa finale.

Avranno successo solo se decideranno di attaccare tutti insieme, altrimenti verranno schiacciati dalle guardie della città. Un'altra ipotesi che possono prendere in considerazione è quella di ritirarsi, ma anche in questo caso dovranno essere tutti concordi: se decideranno di scappare, potranno sopravvivere solo se lo faranno assieme.

I generali, dunque, devono tutti ordinare di attaccare o ritirarsi mettendo da parte le proprie opinioni e favore di quanto scelto dalla maggioranza. Ciò che va evitata è la situazione in cui solo una parte dei generali attacca mentre l'altra si ritira.

Il problema è complicato dalla presenza di generali traditori i quali, scesi a patti con i governatori della città, possono inviare informazioni discordanti agli altri generali dell'esercito bizantino. Ad esempio, questi

---

[1] Cfr. L. Lamport, R. Shostak, M. Peas, The Byzantine Generals Problem, in "ACM Transactions on Programming Languages and Systems", 4, 3, 1982, pp. 382-401.

potrebbero dire a una parte di esser favorevoli all'attacco mentre ad altri di esser pronti alla ritirata.

La questione è resa ancor più intricata dalla distanza tra i generali. I loro accampamenti, infatti, sono lontani tra loro e per comunicare i propri voti i generali devono affidarsi a dei messaggeri. Questi, però, potrebbero essere a loro volta dei traditori o essere uccisi da alcune vedette e sostituiti da soldati della città per inviare dei messaggi falsificati.

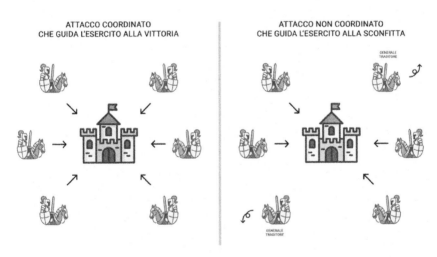

**Figura 3.2** – Problema dei generali bizantini.

Quindi, al fine di decidere con estrema certezza se attaccare o ritirarsi, ogni generale come può esser sicuro che il proprio voto arrivi a destinazione senza essere compromesso e che quello degli altri sia valido?

È lo stesso dilemma che potrebbe affliggere ogni nodo di una blockchain nel momento in cui un blocco della catena di dati deve essere approvato all'unanimità.

A trovare una soluzione è stato ancora una volta Nakamoto grazie all'utilizzo dell'algoritmo di consenso Proof of Work (PoW).

# Algoritmi BFT (Byzantine Fault Tolerant)

Gli algoritmi di consenso permettono di raggiungere un accordo tra i membri di una rete anche in una situazione simile a quella descritta nella metafora di Lamport. Questo genere di algoritmi viene definito BFT (Byzantine Fault Tolerant) proprio perché essi permettono alla blockchain di ottenere il consenso distribuito dei suoi nodi in uno scenario "tollerante agli errori bizantini".

**DEFINIZIONE** Un algoritmo di consenso è caratterizzato da un insieme di regole che permette ai nodi di coordinarsi.

I principali algoritmi di consenso BFT sono il già citato PoW e il PoS (Proof of Stake), attualmente utilizzati rispettivamente sulle reti Bitcoin ed Ethereum. Sebbene la maggior parte degli algoritmi di consenso basino le proprie fondamenta su questi due, l'ascesa delle blockchain nei più svariati contesti ha dato modo anche a essi di evolversi in nuove formule più adeguate ai loro fini d'utilizzo. In rapida ascesa troviamo, infatti, DPoS (Delegated Proof of Stake), un algoritmo basato sulle logiche del PoS ma con alcune variazioni fondamentali che ne migliorano ulteriormente l'efficienza.

# PoW

Il PoW è stato il primo algoritmo di consenso a essere stato sviluppato e il cuore pulsante della rete Bitcoin. Questo ha permesso la creazione di una nuova concezione di network economico che, grazie alle reti peer-to-peer, è in grado di effettuare pagamenti decentralizzati in tempo reale eliminando la necessità di intermediari.
Un sistema basato sull'algoritmo PoW presenta diverse tipologie di nodi, tra cui i miner. Si tratta di una specifica tipologia di full-node che,

attraverso l'uso di un potente hardware dedicato, ha il compito di risolvere enigmi crittografici complessi.

Ogni nodo miner può aggiungere un nuovo blocco alla blockchain solo trovando per primo la chiave crittografica che si cela dietro il blocco in questione.

In pratica, un miner è un nodo in grado di aggiungere un blocco di informazioni al ledger solo dopo aver superato una prova di lavoro che gli permetterà di ottenere il consenso distribuito.

Ciò richiede al miner un'elevata potenza di calcolo e, di conseguenza, un cospicuo dispendio di energia, ma tutto questo sforzo è ben ripagato da una ricompensa in criptovaluta formata in parte dalle nuove monete coniate dal processo e da una commissione sul totale delle transazioni contenute nel blocco validato.

Con "potenza di calcolo" si fa riferimento all'hashrate (H/s), vale a dire la potenza necessaria a risolvere un hash inverso in un secondo. Maggiore sarà l'hashrate a disposizione di un miner, maggiori saranno le probabilità che questo riesca per primo a superare la prova.

Ecco perché, in tal caso, un attacco del 51% può essere scagliato anche senza avere il controllo della prevalenza dei nodi, bensì attraverso la maggioranza dell'hashrate dell'interno network. Un simile attacco, però, richiederebbe una quantità di risorse computazionali così elevate da risultare inverosimile.

Un altro aspetto superato di questo protocollo riguarda la sua scalabilità e il numero di transazioni consentite in un determinato lasso di tempo. L'attuale versione di PoW è strutturata in modo da regolare la complessità crittografica affinché sia consentito minare un nuovo blocco con una media di ogni 10 minuti.

Bitcoin resta ancora oggi il più grande progetto blockchain a fare utilizzo del PoW, registrando attualmente un consumo pari allo 0,5%

dell'elettricità mondiale: lo stesso consumo annuo di energia della Tailandia. Sebbene ciò che lo rende così difficile da attaccare sia proprio l'enorme potenza di calcolo necessaria, l'elevato consumo energetico che ne deriva rende questo algoritmo poco sostenibile a lungo termine creando non poche perplessità per l'ambiente e l'inquinamento.

Secondo il Bitcoin Energy Consumption Index, l'impronta ecologica di Bitcoin misurata in emissioni di gas serra sfiora i 114 milioni di tonnellate di $CO_2$ all'anno, con un impatto ambientale simile a quello di una nazione come la Repubblica Ceca[2].

**Pro:** sicurezza e affidabilità dello standard.

**Contro:** elevati costi computazionali ed energetici e lunghi tempi di attesa per la convalida di un nuovo blocco.

# PoS

L'algoritmo di consenso PoS è l'alternativa più nota al PoW. Progettato per risolvere l'elevato uso di hardware e le inefficienze energetiche legate al PoW, il PoS è stato sviluppato in maniera deterministica e non richiede un'alta capacità computazionale. Per tale motivo la rete Ethereum, nata con PoW, dopo anni di lavoro, è recentemente riuscita a migrare i propri nodi all'utilizzo di questo algoritmo.

Chiariamo subito che il fine del PoS è lo stesso del PoW, ma il modo in cui questo viene raggiunto è radicalmente diverso.

---

[2] Cfr. https://digiconomist.net/bitcoin-energy-consumption

A differenza del PoW, in cui vengono premiati i nodi miner che risolvono complessi calcoli matematici, nel PoS vengono selezionati a turno dei nodi variatori detti "validatori" (validator).

Questi ultimi sono scelti in maniera ciclica in un numero di volte proporzionale alla quantità di criptovalute in loro possesso nella blockchain in questione.

Attraverso un processo di elezione pseudo-casuale, un nodo può essere selezionato come validatore del blocco successivo in base a una combinazione di fattori che potrebbero includere la casualità, l'età, la quantità di criptovalute possedute e la loro età di creazione.

Per tale motivo nel PoS si dice che i blocchi vengono "forgiati", piuttosto che minati o estratti.

In pratica, al posto della potenza di calcolo si fa uso degli "stake", cioè delle puntate che ogni nodo può effettuare per validare un blocco. Ogni criptovaluta in possesso, in questo contesto detta "token", corrisponde a una possibile puntata. Più alto è il numero di token da puntare, maggiore sarà la possibilità di essere selezionati come variatori del blocco e ricevere la ricompensa che, come nel PoW, è rappresentata dalle nuove monete generate dal processo oltre alle commissioni sul totale delle transazioni presenti nel blocco.

Si potrebbe erroneamente pensare che con tale sistema chi dispone di più token verrà sempre scelto a discapito di chi ne ha di meno. Come il PoW, anche il protocollo PoS ricompensa in maniera equa tutti i nodi della blockchain. Un nodo validatore che possiede il 10% dell'ammontare totale dei token, infatti, in media otterrà il 10% delle volte il diritto di creare un nuovo blocco e, quindi, guadagnarne la ricompensa.

Per meglio comprendere il concetto, supponiamo la presenza di tre validatori in una rete basata su Proof of Stake:

- Caterina con 70 token;
- Sofia con 20 token;

– Ginevra con 10 token.

Ne deriva che lo stake totale del network è di 100 token.

Tenendo conto esclusivamente della quantità di token disponibili da puntare, attraverso il protocollo PoS Caterina verrà scelta per validare i nuovi blocchi con una media del 70% delle volte, Sofia del 20% e Ginevra del 10%.

Tirando le somme, l'algoritmo PoS garantisce una scalabiltià superiore e una più elevata velocità delle transazioni.

La sicurezza del network è proporzionale al numero degli utenti che vi partecipano. Il livello di decentralizzazione cresce all'aumentare dei nodi che aderiscono alla blockchain, riducendo al tempo stesso la possibilità di un attacco del 51%.

**Pro:** costi computazionali ed energetici drasticamente ridotti e brevi tempi di attesa per la convalida di un nuovo blocco.

**Contro:** scarsa potenza di calcolo richiesta dagli attacchi del 51% .

# DPoS

Ideato nel 2014 da Daniel Larimer, creatore della blockchain Eos, il DPoS è un'evoluzione del PoS nella quale i nodi validatori sono eletti tramite un processo democratico e incaricati di convalidare il blocco successivo. Qui i delegati sono anche chiamati "testimoni" o "produttori di blocchi" (block producers).

A differenza del PoS, in cui per convalidare una transazione è previsto il coinvolgimento dell'intero network, nel DPoS viene interpellato per la validazione un limitato numero di delegati eletti come in una sorta di democrazia rappresentativa. Ogni consenso ottenuto dai delegati ha un peso che è funzionale al numero di token posseduti da coloro che li votano per vegliare sulla sicurezza della rete e provvedere alla convalida dei blocchi.

Questo sistema, quindi, si basa su una serie di nodi delegati (delegate node), selezionati in base alla quantità di token posseduti (stake).

Un nodo, per essere scelto come delegato, deve raggiungere una quantità di voti sufficiente per poter entrare così tra quelli approvati (approval).

Il voto si basa sulla quantità di token che si riesce a ottenere. Per semplificare immaginiamo un simile scenario:
- Caterina vota Sofia con 10 token;
- Ginevra vota Loreta con 20 token.

Anche se Sofia e Loreta hanno entrambe ottenuto un solo voto, sarà comunque Loreta a vincere. Questo perché il peso del singolo voto viene considerato in base al numero di token a esso associati; quindi, è come se Sofia avesse ottenuto 10 voti mentre Loreta 20.

L'affidabilità del processo di consenso è strettamente legata alla reputazione dei delegati. Se un nodo eletto dovesse lavorare in maniera poco efficiente o effettuare operazioni scorrette, questo verrebbe rapidamente espulso e sostituito da un nuovo delegato.

Il numero dei delegati può variare in base alla blockchain ma, generalmente, ciascuno di questi presenta una personale proposta riguardo quale blocco validare in modo che gli altri nodi del network possano meglio scegliere a chi dare il proprio voto.

Di solito il numero dei nodi delegati a raggiungere il consenso è comunque prestabilito, cosa che rende questo tipo di algoritmo più efficiente in termini di performance rispetto al PoW e al PoS.

In questo sistema, le ricompense ottenute dai delegati vengono distribuite equamente a tutti i loro elettori in proporzione ai token messi in skate durante la votazione.

Sebbene anche in questo caso chi ha più token da puntare ottenga un maggior profitto finale, nel DPoS per ogni nuovo blocco forgiato la ricompensa viene ripartita tra tutti i votanti del nodo eletto.

Viene stimato che la blockchain di Eos grazie al DPoS sia in grado di processare circa 100.000 TPS (Transactions Per Second, "transazioni al secondo"), rispetto alle attuali 7 di Bitcoin che, come più volte ripetuto, è basato su PoW.

**Pro:** elevato numero di transazioni al secondo e costi di calcolo irrisori.

**Contro:** possibilità di compromettere la decentralizzazione con una bassa partecipazione al processo di voto.

## Altre tipologie di algoritmo

Nonostante i tre appena affrontati siano al momento gli algoritmi maggiormente utilizzati e legati alle blockchain più importanti, sta prendendo piede un numero sempre crescente di nuovi algoritmi con soluzioni specifiche e originali.

I più interessanti sono:
- PoH (Proof of History);
- PoA (Proof of Activity);
- DAG (Direct Acyclic Graph Tangle);
- DBFT (Delegated Byzantine Fault Tolerance).

Vediamoli nel dettaglio.

## PoH

L'algoritmo PoH assicura che una blockchain sia molto veloce mantenendo allo stesso tempo la sua sicurezza decentralizzata.

Il PoH si basa su un nuovo concetto crittografico: il VDF (Verifiable Delay Function). Questo, attraverso l'applicazione di una serie di funzioni di hash SHA 256, riesce a determinare in maniera rigorosa l'ordine e la correttezza delle transazioni. Poiché il VDF impone l'utilizzo di un solo core della CPU (Central Processing Unit), impedendo di fatto l'elaborazione parallela, determinare con esattezza il tempo necessario per applicare questi passaggi sequenziali diventa molto facile. Il che permette di tutelare il sistema da possibili manomissioni.

A fare uso del PoH troviamo Solana, una piattaforma decentralizzata in rapida ascesa molto simile a Ethereum.

## PoA

Il PoA rappresenta un tentativo di combinare gli aspetti migliori degli algoritmi PoW e PoS al fine di ridurre notevolmente il rischio di un attacco del 51%.

Nel PoA, il processo di mining inizia in maniera simile al PoW, con i vari nodi che mettono in gioco la potenza di calcolo per riuscire a minare per primi un nuovo blocco. In questo caso, però, quando un nuovo blocco viene estratto per la sua validazione si passa al sistema PoS. Viene quindi selezionato un gruppo casuale di validatori che dovranno firmare il nuovo blocco basandosi solo su un'intestazione di quest'ultimo e l'indirizzo del nodo miner a cui inviare la ricompensa.

Fa uso di questo algoritmo la blockchain Decred, sulla quale si basa l'omonima criptovaluta.

# DAG

Tangle è un'innovativa architettura di ledger basata sulle logiche del DAG ("grafo aciclico diretto").

In questo network non troviamo una vera e propria catena di blocchi ma ogni nodo, per poter eseguire una transazione, deve prima validare altre due transazioni scelte in modo casuale. Ne scaturisce un sistema estremamente rapido e scalabile, perfetto per gestire un gran numero di microtransazioni.

Fa uso di questa soluzione Iota, una criptovaluta ideata per effettuare transazioni tra apparecchiature dell'Internet of Things.

# DBFT

Introdotto dalla blockchain Neo, l'algoritmo DBFT prospetta sostanziali miglioramenti del meccanismo di validazione.

Nel DBFT gli utenti sono divisi in nodi comuni, detti "utilizzatori", e nodi professionisti, detti "bookkeeping nodes". Mentre i primi si limitano a utilizzare le capacità del network, i secondi puntano prevaletemene al profitto generato dalla validazione dei nuovi blocchi, mantenendo nel contempo il sistema al sicuro da errori.

In maniera simile all'algoritmo DPoS, i nodi utilizzatori sono chiamati a votare per eleggere un numero di delegati tra i nodi professionisti disponibili, assegnando loro l'onere di validare il network.

A differenza del DPoS, dove il nodo delegato potrà validare il blocco da lui proposto, nel DBFT è necessario che almeno i due terzi dei bookkeeping delegati raggiungano il consenso per approvare un blocco.

Non è sicuramente una soluzione molto efficiente dal punto di vista energetico in quanto richiede la partecipazione di tutti i nodi bookkeeping per la convalida di ogni blocco. Ciò nonostante, il DBFT risulta un sistema molto sicuro in quanto per attuare un attacco del 51% è richiesto il controllo di almeno il 66% di tutti i nodi di professione.

| BLOCKCHAIN | ALGORITMO DI CONSENSO |
|---|---|
| Bitcoin, Dogecoin, Monero | Proof of Work (PoW) |
| Ethereum, Cardano, Internet Computer | Proof of Stake (PoS) |
| EOS, Terra, Tron | Delegated Proof of Stake (dPoS) |
| Solana | Proof of History (PoH) |
| Decred | Proof of Activity (PoA) |
| IOTA | Direct Acyclic Graph Tangle (DAG) |
| NEO | Delegated Byzantine Fault Tolerance (dBFT) |

# Fork e chain split

Probabilmente avrai già sentito parlare di fork in merito alle blockchain e alle criptovalute. Si tratta di un termine utilizzato in campo informatico per indicare lo sviluppo di un nuovo progetto che parte dal codice sorgente di un altro già esistente.

Il software originale, quindi, non viene cancellato ma è semplicemente separato dal nuovo che continua a evolversi per la sua strada. Ad esempio, svariate distribuzioni Linux sono il frutto di un fork avvenuto partendo dal codice di altre distribuzioni.

Questa stessa logica viene applicata anche nelle blockchain. Come abbiamo appena visto, il motore di ogni blockchain è rappresentato dal suo specifico algoritmo di consenso. Quest'ultimo è in sostanza un software che impone determinate regole. Ogni qual volta che gli sviluppatori che lavorano per ottimizzare il network applicano una modifica al suo codice e rilasciano una nuova versione del suo software, assistiamo a un fork della blockchain.

**DEFINIZIONE** In ambito blockchain, un fork è il cambiamento delle regole utili a raggiungere il consenso.

Tuttavia, in base alla profondità delle modifiche applicate al codice, esistono diverse tipologie di fork: soft fork e hard fork.
Prima di analizzarli nel dettaglio, per comprenderne subito la differenza ricorriamo alla similitudine, estremamente chiara, usata da Andreas Antonopoulos, uno dei più noti esperti di Bitcoin:

> Se un ristorante vegetariano decide di aggiungere carne al proprio menu, si tratta di un hard work, un cambiamento nelle regole che è incompatibile con il loro approccio precedente.
>
> Ma se il ristorante aggiunge piatti vegani, allora è un soft fork. I clienti vegetariani potrebbero ancora mangiare lì e godersi il nuovo cibo vegano, senza dover cambiare le loro abitudini alimentari.

## Soft fork

Di norma un soft work prevede modifiche del software lievi e soprattutto retrocompatibili con le sue versioni precedenti.
Tutti i nodi del network sono invitati a installare la nuova versione ma chi fa ancora uso del vecchio software per motivi tecnici o filosofici può continuare tranquillamente a operare nella blockchain senza comprometterne il suo funzionamento. Ciò significa che la rete continua a lavorare correttamente, a prescindere da chi ha eseguito l'aggiornamento al nuovo software. La vecchia e la nuova versione convivono alla perfezione senza alcun conflitto, condividendo lo stesso ledger e la cronologia delle transazioni.

# Hard fork

Quando, invece, le modifiche all'algoritmo di consenso sono più importanti e non possono garantire la retrocompatibilità con le vecchie versioni del software, ci troviamo di fronte a un hard fork.

In questo caso tutti i nodi devono obbligatoriamente effettuare l'aggiornamento del software in uso per non essere esclusi dal network. Eseguito l'aggiornamento, i nodi potranno continuare a lavorare senza problemi, condividendo lo stesso ledger e la cronologia delle transazioni.

# Hard fork con chain split

Nel caso in cui, in seguito a un hard fork, una rilevante quantità di nodi non approvi le nuove regole di consenso e decida di rifiutare l'aggiornamento software, potremmo trovarci di fronte a un chain split.

**DEFINIZIONE** Un chain split è una divisione della blockchain che darà vita a due distinti network paralleli, dove una parte dei nodi prosegue con le nuove regole, mentre la restante fetta (di solito rappresentata da una minoranza) prosegue con le vecchie.

Entrambi i network continueranno a propagare blocchi e transazioni seguendo le proprie regole distinte, ma non lavoreranno più sulla stessa blockchain. Il ledger e la cronologia delle transazioni resteranno uguali e immutati per entrambi i network fino al blocco precedente alla divisione della catena. Da quel preciso momento, invece, le due blockchain proseguiranno separatamente con la convalida e l'aggiunta di nuovi blocchi dando vita a due ledger totalmente separati.

Considerando che la parte iniziale del registro è condivisa, se possedevi delle criptovalute prima del fork, in seguito a questo ti risulterà di averle sia sulla nuova che sulla vecchia blockchain. Se, ad esempio, disponevi di

10 criptomonete durante un fork avvenuto all'altezza del blocco 500.000, tramite la vecchia blockchain potrai spenderle con una transazione che verrà registrata al blocco 500.001. Se sulla nuova blockchain, invece, non effettuerai operazioni, le tue 10 criptomonete risulteranno ancora in tuo possesso e il blocco 500.001 non registrerà transazioni a tuo carico.

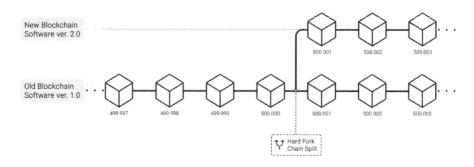

**Figura 3.3** – Hard fork con chain split della blockchain.

Ricapitolando, un soft fork prevede un aggiornamento dell'algoritmo di consenso senza comprometterne l'utilizzo delle vecchie versioni. Un hard fork, al contrario, si ottiene con un aggiornamento del software più marcato e non retrocompatibile. In questo contesto, laddove una considerevole minoranza non accetta le nuove norme per aggiungere il consenso, la blockchain può dividersi di due network separati.

# COSA SONO LE CRIPTOVALUTE

 ESISTONO TRE ERE DELLE MONETE:
QUELLE BASATE SULLE MATERIE PRIME, QUELLE
BASATE SU CRITERI POLITICI E ORA QUELLE
BASATE SULLA MATEMATICA.

*———————— Chris Dixon, co-fondatore di Hunch e SiteAdvisor*

## Una nuova forma di valore

Come abbiamo già detto, le nuove tecnologie DLT, e in modo particolare le blockchain, permettono di decentralizzare le competenze di diversi enti e istituzioni e, non di meno, di creare unicità nel mondo digitale.

Le prime a essere state oggetto di questa rivoluzione sono state le banche che, con l'introduzione di Bitcoin, si sono viste portare via il posto di garanti del credito e delle intermediazioni finanziarie.

Le blockchain permettono di eliminare il rischio di controparte e di scongiurare i tentativi di doppia spesa senza che gli utenti debbano riporre la propria fiducia in strutture centralizzate come gli istituti bancari.

I concetti di unicità e autenticità applicati al digitale hanno innescato il principio di scarsità che dà valore a qualsiasi bene (o asset), criptovalute incluse.

**DEFINIZIONE** Una criptovaluta è una forma di denaro digitale basato sulla crittografia.

Secondo lo studioso Jan Lansky, una criptovaluta per essere definita tale deve necessariamente soddisfare le seguenti sei basilari condizioni.

   – Il sistema non richiede un'autorità centrale, il suo stato è mantenuto attraverso un consenso distribuito.

   – Il sistema mantiene un controllo delle unità di criptovaluta e della loro proprietà.

   – Il sistema stabilisce se possono essere create nuove unità di criptovaluta. Se tali unità si possono creare, il sistema definisce la loro origine e come determinare il loro possessore.

   – La proprietà di una criptovaluta può essere provata solo crittograficamente.

   – Il sistema consente di eseguire transazioni nelle quali avviene un cambio di proprietà delle unità crittografiche. La conferma della transazione può essere rilasciata solo da un ente che può provare la proprietà delle criptovalute oggetto della transazione.

   – Se vengono date simultaneamente due diverse istruzioni per il cambio di proprietà delle stesse unità crittografiche, il sistema esegue al massimo una delle due.

Noterai che spesso le parole "criptovaluta" e "criptomonete" vengono utilizzate indifferentemente. In alcuni contesti anche il termine "criptoasset" potrebbe avere lo stesso significato.

È bene precisare che non tutto il denaro digitale è rappresentato da criptovalute. Gran parte del denaro "tradizionale", detto "fiat", ovvero quello gestito dallo Stato, in realtà esiste in forma digitale rappresentato come saldo e debito indicati sotto forma di cifre nei sistemi informatici bancari.

Le criptovalute, invece, sono asset digitali che possono esistere grazie alla crittografia e alla blockchain, tecnologie che ne assicurano l'unicità e l'autenticità.

Mentre il valore delle monete fiat è principalmente legato alla fiducia nei confronti dell'autorità che le emette (che di norma è lo Stato o la Banca centrale), il valore delle criptomonete varia in base a una serie di differenti fattori come la scarsità e la reputazione del network.

Il termine "fiat", che in latino significa "che sia fatto", viene utilizzato per indicare un ordine dato dal governo. Sin dall'antichità, infatti, è l'autorità centrale del governo a stabilire ciò che è legalmente valido come mezzo di scambio, a metterlo in circolazione e a controllarlo.

Al contrario delle valute fiat, al momento le criptovalute non sono gestite da alcuna istituzione e non hanno corso legale in alcuna nazione nel mondo. Per tale motivo esse non hanno un reale potere d'acquisto diretto ma posso avere un valore variabile espresso in valuta fiat.

## Scarsità e halving

Una peculiarità comune a diverse criptovalute, tra cui Bitcoin, sta nell'avere un quantitativo massimo di monete limitato. Il che è dovuto a eventi periodici e ricorrenti noti come "halving" che, di volta in volta, dimezzano la quantità delle nuove monete coniate date come ricompensa ai miner.

Il meccanismo dell'halving, quindi, a condizione che la domanda rimanga stabile, permette di aumentare il valore della criptomoneta diminuendo con il passare del tempo il numero di monete che è possibile minare con la convalida di un blocco.

Si tratta di una notevole differenza rispetto a quanto avviene con le valute fiat, le quali, a causa degli effetti dell'inflazione, tendono a perdere il loro valore nel tempo. Sotto questo aspetto, infatti, criptovalute come Bitcoin sono più simili a una forma di oro digitale che alle comuni monete.

Tuttavia, mentre non avremo mai modo di conoscere la quantità esatta di oro disponibile sulla terra, con la rete Bitcoin abbiamo la certezza che la quantità di criptomonete in circolazione non superi i 21 milioni. Secondo le statistiche aggiornate al 2022, restano da estrarre meno di 2 milioni.

In pratica, all'incirca ogni quattro anni (precisamente ogni 210.000 blocchi), la ricompensa per l'approvazione di un blocco (la cosiddetta "block reward") continuerà a essere dimezzata fino a quando saranno stati minati tutti i 21 milioni di BTC, evento che si prevede intorno al 2140.

Questo non significa che, una volta estratto l'ultimo BTC disponibile, i miner non avranno più interesse a compiere il loro lavoro garantendo la convalida delle transazioni e dei nuovi blocchi. A partire da questo momento, infatti, i minatori continueranno a trarre comunque profitto dalle commissioni delle transazioni approvate.

Fino a oggi l'halving di Bitcoin si è già verificato tre volte. Il primo, nel 2012, ha dimezzato la ricompensa dei miner da 50 a 25 BTC; il secondo, del 2016, ha apportato un ulteriore dimezzamento abbassando la ricompensa a 12,5 BTC; il terzo dimezzamento del 2020 ha ridotto la quota a 6,25 BTC.

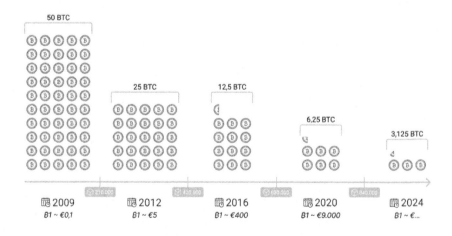

**Figura 4.1** – Schema con l'halving di Bitcoin nel tempo.

È bene notare che al dimezzamento del numero di monete corrisponde anche un aumento di valore delle stesse.

Se nel 2009 una ricompensa di 50 BTC equivaleva a pochi centesimi di euro, nel 2012 la metà delle monete raggiungeva un valore complessivo di 125 euro. Nel 2022 1 BTC ha un valore che oscilla poco al di sotto dei 40.000 euro!

In seguito al prossimo halving previsto per il 2024, periodo in cui verrà minato il blocco numero 840.000, secondo l'opinione di diversi analisti il valore di 1 BTC potrebbe più che raddoppiare. Sebbene diversi calcoli suggeriscano tale conclusione, come vedremo in seguito, è estremamente rischioso confidare in una precisa previsione. L'ipotesi che il valore crolli invece di aumentare resta una possibilità concreta.

## Il modello S2F (Stock to Flow)

Lo S2F è un modello che ha lo scopo di misurare l'abbondanza di una particolare risorsa. Il risultato di questo calcolo deriva dalla quantità di risorsa presente nelle riserve (stock) in rapporto alla nuova quantità che ne viene prodotta in un anno (flow).

Generalmente, il modello S2F viene applicato alle risorse naturali come i metalli preziosi quali oro e argento.

Anche se apparentemente il suo valore potrebbe sembrare effimero, è possibile effettuare questa stessa tipologia di misurazione anche con i BTC. Nel marzo 2019, infatti, un anonimo utente Twitter, diventato famoso con lo pseudonimo di PlanB, è riuscito a dimostrare che, grazie alle sue similitudini con l'oro, è possibile prevederne il suo valore nel tempo.

Torniamo momentaneamente all'esempio dell'oro per meglio comprendere il funzionamento del modello S2F.

Benché le stime globali possano variare, il World Gold Council indica che il totale di tutto l'oro estratto fino ai giorni nostri si aggira attorno alle 190.000 tonnellate. Possiamo definire questa quantità globale "stock". A questo totale va aggiunta una cifra variabile tra le 2.500 e le 3.000 tonnellate di nuovo oro estratto all'anno. Questa quantità, invece, è definita "flow".

Attraverso questi due parametri possiamo calcolare, quindi, il rapporto S2F ottenendo un risultato di circa 66 S/F. Questo dato sta a significare che, con le recenti velocità di estrazione, sarebbero necessari sessantasei anni per ottenere tutto l'oro attualmente disponibile nel mondo.

In pratica, più è alto il rapporto S2F, minore è la nuova fornitura che entra nel mercato in relazione al totale disponibile.

Ecco spiegato perché un asset con un rapporto S2F più alto dovrebbe, almeno in teoria, mantenere il suo valore a lungo termine.

Non a caso l'oro, e in generale i metalli preziosi, vengono spesso custoditi come riserva di ricchezza. Almeno in teoria, dovrebbero mantenere il loro valore a lungo termine per via della loro scarsità relativa e del flow basso. Inoltre, è piuttosto difficile che la loro fornitura aumenti in modo notevole in un breve lasso di tempo.

I beni di consumo, al contrario, hanno generalmente un rapporto S2F molto basso. Questo a causa del fatto che, di norma, la produzione riesce ad andare di pari passo con la domanda.

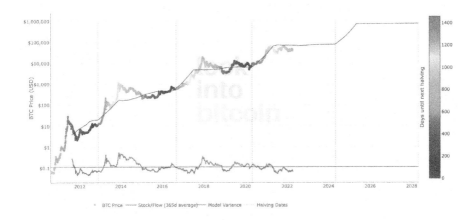

**Figura 4.2** – Modello Stock-to-Flow applicato a Bitcoin.
Grafico aggiornato a maggio 2022.
Immagine gentilmente concessa da https://www.lookintobitcoin.com.

Scommetto che anche tu inizi a notare qualche somiglianza con i BTC. Questo modello, infatti, tratta i BTC come una risorsa limitata, esattamente come l'oro.

È decisamente scarso, piuttosto costoso da estrarre e la sua disponibilità massima è fissata a 21 milioni di monete. L'emissione di nuove è stabilita a livello del protocollo, cosa che rende il flow totalmente prevedibile. Inoltre, come abbiamo già detto, a causa dell'halving la quantità di nuova moneta emessa nel sistema viene dimezzata ogni quattro anni circa.

Secondo i sostenitori del modello S2F, la combinazione di queste specifiche proprietà rende i BTC una risorsa digitale con caratteristiche altamente valide per mantenere valore a lungo termine. D'altro canto, nel 2022 l'inflazione e lo spettro della recessione hanno di colpo più che dimezzato il valore di BTC mettendo a dura prova anche i più incalliti supporter di questo modello.

## Criticità del modello S2F applicato ai BTC

Alcuni studiosi ritengono che il modello S2F sia fallimentare se applicato al BTC. Secondo i critici, infatti, questa criptovaluta non ha nessun'altra qualità utile oltre alla sua stessa scarsità. Al contrario, la scarsità, il flow prevedibile e la liquidità globale hanno reso l'oro una riserva di valore stabile rispetto alle valute fiat, le quali sono soggette a svalutazione.

Secondo questo modello, anche la volatilità di BTC dovrebbe diminuire nel tempo.

L'inventore di Ethereum, Vitalik Buterin, è tra coloro che hanno espresso critiche verso questo modello. Contrariamente ai sostenitori dello S2F, i quali ritengono che l'halving generi rialzi di prezzo di BTC, Vitalik argomenta che si tratta di una tesi molto generica, in quanto tale "causa" può implicare effetti sia immediati che a distanza di mesi o anni.

Sono motivazioni difficili da confutare, e il fatto che il prezzo di BTC abbia registrato storicamente un trend positivo, nella stessa direzione dello S2F, potrebbe essere una mera coincidenza. A comprova di questo, andando in direzione diametralmente opposta alle previsioni, nella seconda metà del 2022 il valore di Bitcoin ha subìto un importante calo di valore, tale che, secondo l'opinione di molti, questo modello è ormai del tutto invalidato.

## Black Swan events

Le oscillazioni del valore delle criptovalute in generale rendono Bitcoin anche più vulnerabile ai cosiddetti "eventi Black Swan" o notizie che possano causare tanto hype quanto paura nell'investimento.

La teoria del cigno nero è una metafora volta a spiegare l'esistenza di un'effettiva possibilità che un evento impensabile e completamente inaspettato possa accadere e avere risvolti negativi per l'intera società. Tali accadimenti sono impossibili da prevedere specialmente a causa della loro rarità. Ad esempio, la crisi finanziaria globale del 2008, causata dall'inattesa e repentina caduta del mercato immobiliare fino a quel momento fiorentissimo, è un tipico evento Black Swan nel mondo della finanza.

Nel settembre 2021 la Cina ha reso illegali tutte le transazioni con criptovalute. Secondo la Banca centrale, che ha emesso un comunicato congiunto assieme ad altri 11 enti governativi cinesi, la speculazione tramite criptovalute stava "turbando l'ordine economico e finanziario e favorendo la crescita di attività illegali e criminali".

Tale annuncio ha provocato nell'immediato una grossa svalutazione del BTC e delle altre monete virtuali. Sebbene resti estremamente improbabile, immagina cosa accadrebbe se anche altre nazioni nel mondo adottassero una scelta simile.

## La legge di Metcalfe

 NON E UN INVESTIMENTO SPECULATIVO, ANCHE SE VIENE USATO COME TALE DA ALCUNE PERSONE. CON LA CRESCITA DELLA RETE BITCOIN, CRESCE IL VALORE. MAN MANO CHE LE PERSONE PASSANO AI BITCOIN PER I PAGAMENTI E LE RICEVUTE, SMETTONO DI USARE DOLLARI, EURO E YUAN, E A LUNGO ANDARE SVALUTANO QUESTE VALUTE

*——————————— Eric Schmidt, presidente esecutivo di Google*

Un ulteriore modello utile a comprendere l'andamento del prezzo di BTC, è quello rappresentato dalla regola di Metcalfe.

Sviluppata dall'ingegnere Robert "Bob" Metcalfe, già inventore del protocollo Ethernet e fondatore di 3Com, si tratta di una formula matematica studiata per misurare il valore che ha una rete di comunicazioni.

Trattandosi di un principio che in generale può essere applicato a qualsiasi rete informatica, la legge di Metcalfe può essere applicata anche al network di Bitcoin per misurarne il suo valore.

La sua teoria afferma che:

> l'utilità e il valore di una rete sono proporzionali al quadrato del numero degli utenti.

Più precisamente, la formula dichiara che:

$$v = n^2 - n$$

dove "v" sta per "valore" e "n" sta per "numero di utenti".

A titolo esemplificativo, prendiamo la rete WhatsApp. Con l'aumentare del numero di utenti che installa sul proprio smartphone l'applicazione, assisteremo a una crescita esponenziale di essa.

Se ci pensi è tutto piuttosto ovvio. Utilizzeresti mai un'applicazione di messaggistica senza avere, dall'altra parte, una rete di interlocutori con cui comunicare?

Quando solo una coppia di utenti utilizza l'app, solo loro due possono inviarsi reciprocamente messaggi. Nel momento in cui anche un utente installa l'app, il numero delle conversazioni possibili aumenta esponenzialmente.

Nonostante siano state rilasciate nel tempo applicazioni simili, anche con un maggior numero di funzioni, WhatsApp è stata la pioniera nel suo segmento. Il gran numero di utenti che l'hanno rapidamente adottata per lo scambio di messaggi ne hanno sancito il successo a discapito di altre applicazioni potenzialmente altrettanto valide.

Possiamo applicare questa stessa logica anche alle reti blockchain.

Nel caso di Bitcoin, è possibile calcolare il valore Metcalfe facendo riferimento al numero dei nodi attivi. Confrontando l'andamento del prezzo di BTC con il suo crescente valore Metcalfe possiamo chiaramente notare una certa coerenza[1].

---

[1] Cfr. T. F. Peterson, Metcalfe's Law as a Model for Bitcoin's Value,
https://caia.org/sites/default/files/metcalfeslaw_websiteupload_7-5-18.pdf

CAPITOLO 5

# BITCOIN: L'INIZIO DELLA RIVOLUZIONE

**SE NON CI CREDI O NON LO CAPISCI, NON HO TEMPO PER CONVINCERTI.**

*Satoshi Nakamoto, in risposta a un utente sul forum "Bitcointalk"*[1]

## Una storia avvolta dal mistero

Bitcoin è stata la prima criptovaluta mai sviluppata. Insieme alla blockchain, Bitcoin rappresenta quella che sicuramente è la più grande innovazione dalla scoperta di Internet. Si tratta di un salto tecnologico che ha dato il via a una serie di reazioni a catena nell'evoluzione del web. Ecco perché, seppur brevemente, a questo punto ritengo sia doveroso soffermarci su alcuni dettagli storici.

La nascita di Bitcoin è avvolta da un profondo mistero tutt'oggi irrisolto. Un mito che si accresce con il passare del tempo e che gli conferisce un certo fascino.

---

[1] https://bitcointalk.org/index.php?topic=532.msg6269#msg6269

Sappiamo poco o nulla riguardo al suo creatore che, nel white paper del 31 ottobre 2008 inviato alla mailing list The Cryptography sul sito https://www.metzdowd.com, si firmava con lo pseudonimo di Satoshi Nakamoto.

Nonostante le origini apparentemente giapponesi, sotto questo nome potrebbero nascondersi uno o più individui provenienti da qualsiasi parte del pianeta. Inoltre, l'ottima padronanza della lingua inglese dimostrata nel documento di presentazione del progetto, ha indotto molte persone a presupporne la provenienza da territori anglofoni.

Un anno dopo la presentazione del white paper, Nakamoto distribuì la prima versione del software client e successivamente contribuì al progetto insieme ad altri sviluppatori, per ritirarsi dalla comunità di Bitcoin nel 2010.

Il blocco genesi (il primo blocco della blockchain) è stato minato il 3 gennaio 2009 e includeva il messaggio che ha segnato l'inizio di una nuova era: "The Times 03/Jan/2009 Chancellor on brink of second bailout for banks" ("Il cancelliere sull'orlo del secondo salvataggio delle banche", un riferimento alla crisi finanziaria di quel periodo). Il testo si rifaceva a un titolo del "Times" dello stesso anno, nel quale il celebre quotidiano riferiva degli sforzi del governo britannico per salvare il sistema bancario ormai al collasso per via della crisi cominciata nel 2008. Riportata in tono chiaramente sarcastico, questa frase rappresentava il riuscito tentativo di ironizzare sulla debolezza del sistema economico tradizionale.

L'ultima apparizione di Nakamoto risale al 2011, quando dichiarò di lasciare l'evoluzione della sua creatura nelle mani fidate di Gavin Andresen, sviluppatore software del Massachusetts con il quale instaurò una fitta corrispondenza e che, nel prendere in mano le redini del progetto, affermò sul forum "Bitcointalk":

È con grande riluttanza e con la benedizione di Satoshi che mi preparo a seguire più attivamente il progetto di Bitcoin[2].

Secondo il "Mit Technology Review" è proprio Andresen il principale sviluppatore dell'attuale versione di Bitcoin, considerato che, in seguito alle continue migliorie implementante, meno di un terzo del codice originale è rimasto inalterato[3].

Il concetto di blockchain non è nato con Bitcoin ma risale ai primi anni Novanta, quando Stuart Haber e W. Scott Stornetta presentarono un sistema per la marcatura temporale dei documenti basato su una catena di blocchi protetta da chiavi crittografiche. Ti stupirà notare, quindi, che in nessuna parte del white paper di Bitcoin viene utilizzato il termine "blockchain" nonostante, come vedremo, questa tecnologia è chiaramente alla base del suo funzionamento.

Anche se per fini completamente diversi e in maniera piuttosto rudimentale, anche l'algoritmo PoW era già stato progettato.

Presentato nel marzo 1997 dallo sviluppatore Adam Back, l'algoritmo era a fondamento del progetto Hashcash, un particolare software studiato per limitare le e-mail di spam e gli attacchi DoS (Denial of Service). Non a caso – come indicato dal "Financial Times"[4] e dal famoso canale YouTube Barely Sociable[5] – sono diversi a supporre che ci si nasconda proprio Adam Back dietro la maschera di Satoshi Nakamoto.

---

[2] https://bitcointalk.org/index.php?topic=2367.0

[3] Cfr. T. Simonite, The Man Who Really Built Bitcoin, https://www.technologyreview.com/2014/08/15/12784/the-man-who-really-built-bitcoin

[4] Cfr. I. Kaminska, Bitcoin: Identity Crisis, https://www.ft.com/content/769cc516-1370-11e6-839f-2922947098f0

[5] Cfr. https://www.youtube.com/watch?v=XfcvX0P1b5g

Come se non bastasse, Bitcoin non è stato neanche il primo tentativo di creazione di una valuta digitale. Dall'avvento dei computer le prove sono state molteplici e con gli approcci più variegati. Ciò nonostante, questi fallirono tutti in brevissimo tempo. Uno degli esempi più noti è sicuramente rappresentato da DigiCash, società fondata dal crittografo David Chaum alla fine degli anni Ottanta: la sua natura centralizzata e i tempi ancora troppo prematuri e scettici nei confronti dell'informatica ne causarono l'inesorabile dipartita.

Senza mettere in discussione le sue eccezionali qualità di programmatore, la più grande abilità di Satoshi Nakamoto è forse stata, in realtà, quella di aver saputo combinare una serie di tecnologie già esistenti al momento della sua invenzione. Vale a dire, la capacità di avere una visione completa in grado di generare un sistema funzionante a tutto tondo, risolvendo in maniera definitiva problemi come il double spending e il consenso distribuito.

# Sigle e monete

Prima di addentrarci nei dettagli del suo funzionamento, è bene fare alcune precisazioni riguardo il termine "Bitcoin" e i suoi sinonimi. Ti capiterà, infatti, di trovare questo nome scritto con alcune sottili differenze che potrebbero variarne il significato.

Di norma, quando ci si riferisce alla blockchain, al ledger o al network decentralizzato, Bitcoin viene indicato con l'iniziale in maiuscolo. Con l'iniziale minuscola, invece, il termine fa solitamente riferimento alla criptomoneta.

Le sigle BTC, XBT o il simbolo ₿ stanno a indicare la valuta o, per meglio dire, la criptovaluta.

Come l'euro o il dollaro, anche BTC può dividersi in centesimi o, per essere più precisi, "centomiliesimi". È possibile dividere ogni BTC fino a fino a $1/10^8$ e la sua più piccola unità è il Satoshi (sat), uguale a 0,00000001 BTC.

Per evitare confusione ti basti ricordare che 1 sat è uguale a 1 centomilionesimo di 1 BTC, viceversa, 100 milioni di sat formano 1 BTC. Inoltre, a partire dal 2015, anno in cui Bitcoin ha ottenuto la certificazione ISO 4217 come valuta standard, sono state accordati due ulteriori "tagli" di moneta: 1 Millibitcoin (mBTC) del valore di 100.000 sat (0,001 BTC) e 1 Microbitcoin (µBTC) del valore di 100 sat (0,000001 BTC).

Altre unità non ufficialmente approvate sono il Decibitcoin (dBTC) del valore di 0,1 BTC, il Centibitcoin, anche detto "Bitcent" (cBTC), del valore di 0,01 BTC, e il Finney (fin) – nome che deriva dallo sviluppatore Hal Finney verso il quale Satoshi Nakamoto effettuò la prima transazione Bitcoin della storia – del valore di 0,0000001 BTC.

Tieni comunque conto che difficilmente sentirai parlare di queste ulteriori unità, quelle più citate restano BTC e sat.

| UNITÀ | VALORE IN BITCOIN |
|---|---|
| Bitcoin (BTC) | 1 |
| DeciBitcoin (dBTC) | 0,1 |
| CentiBitcoin (cBTC) | 0,01 |
| MilliBitcoin (mBTC) | 0,001 |
| MicroBitcoin (µBTC) | 0,000001 |
| Finney | 0,0000001 |
| Satoshi (sat) | 0,00000001 |

# Come funziona Bitcoin in cinque passi

> " **BITCOIN FARÀ ALLE BANCHE CIÒ CHE L'E-MAIL HA FATTO ALL'INDUSTRIA POSTALE.**
>
> ———————— *Rick Falkvinge, fondatore del Partito pirata svedese*

È giunto il momento di tuffarci negli aspetti tecnici. Nonostante la loro semplificazione, potrebbero comunque risultare piuttosto ostici. Non scoraggiarti se non li trovi immediatamente di facile comprensione: cerca di andare avanti e di cogliere ciò che riesci.

Per comodità dividiamo i diversi step di una transazione in cinque fasi.

– Genesi di transazione.
– Analisi di una transazione.
– Merkle Tree: raggruppamento delle transazioni.
– Mining e concatenazione di un blocco.
– Consenso distribuito.

Alla fine di ogni paragrafo dedicato a ognuna di queste fasi troverai un breve riassunto che ti aiuterà ulteriormente a chiarirti le idee.

Let's go!

## 1 - Genesi di transazione

Bitcoin è una criptovaluta basata su una blockchain pubblica di tipo permissionless, la cui partecipazione è aperta a chiunque senza restrizioni, come spiegato nel capitolo Blockchain e DLT (Distributed Ledger Technology). I vari full-node che la compongono, oltre a poter effettuare transazioni come qualsiasi altro nodo, hanno il severo compito di garantirne la sicurezza attraverso l'algoritmo di consenso PoW.

Nel network di Bitcoin, i full-node sono anche detti "nodi miner" in quanto, nel momento in cui convalidano un blocco di transazioni, minano anche nuove monete. Queste vengono a loro riconosciute come ricompensa per il blocco minato, oltre a una commissione sul totale delle transazioni in esso contenute.

Un nodo miner, in pratica, non è altro che un computer dalla capacità di calcolo piuttosto elevata e connesso al network Bitcoin attraverso una particolare tipologia di applicazioni denominate "cryptographic hash software". Come vedremo, il software ufficiale di Bitcoin è Bitcoin Core ma ne esistono molte altre varianti non ufficiali, altrettanto adeguate soprattutto in particolari contesti.

A ogni nodo è associato un portafogli detto "wallet" che custodisce al suo interno le criptomonete a esso attribuite. Ogni wallet è caratterizzato da uno o più indirizzi Bitcoin, ovvero una serie di caratteri alfanumerici (per comodità spesso rappresentati da un codice QR) che lo identificano in maniera univoca all'interno del network. Potremmo paragonare l'indirizzo Bitcoin al codice IBAN di un comune conto bancario grazie al quale è possibile inviare e ricevere bonifici. Mentre con i sistemi tradizionali l'approvazione del bonifico avviene grazie a una banca che funge da garante, con Bitcoin l'operazione avviene in maniera automatica e decentralizzata grazie al consenso distribuito da parte dei nodi miner del network.

## CHIAVE PRIVATA E PUBBLICA

Nel momento in cui viene generato un nuovo wallet, a esso vengono associate due chiavi crittografiche: una pubblica e una privata. Si tratta, in parole povere, di due stringhe formate da circa 35 e 64 caratteri alfanumerici.

La chiave pubblica rappresenta l'indirizzo del wallet, noto a tutti gli altri nodi del network e verso il quale è possibile effettuare una transazione.

La chiave privata, invece, dà pieno controllo ai BTC associati a quell'indirizzo e per tale motivo deve restare segreta, preferibilmente custodita in un luogo sicuro. Solo chi possiede la chiave privata può cifrare una transazione in uscita, mentre chiunque è in possesso della sua rispettiva chiave pubblica sarà in grado di decifrarla. Vediamo un esempio.

Quando Sofia invia dei soldi a Caterina, il sistema incapsula la transazione in un pacchetto cifrato con la chiave privata del "mittente". Caterina potrà verificare l'attendibilità della transazione se sarà in grado di decifrarne il contenuto attraverso la chiave pubblica di Sofia che, come abbiamo detto, è nota a tutti.

Se, invece, Caterina non dovesse riuscire a decifrare la transazione, con grande probabilità non si tratterebbe della vera Sofia ma di un impostore che non è autorizzato a disporre della somma in questione.

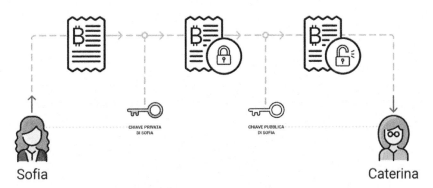

Sofia

Caterina

**Figura 5.1** – Funzionamento chiave pubblica e privata.

Come anticipato, in realtà a effettuare la transazione validando il trasferimento di fondi sono esclusivamente i nodi miner. Sofia, quindi, in pratica realizza una "richiesta" di transazione e resta in attesa che, in seguito ai vari controlli, questa venga approvata dal network.

**RIASSUMENDO** A ogni nodo della blockchain Bitcoin è associato un wallet, un codice alfanumerico che, in maniera analoga a un IBAN, permette di ricevere e tenere traccia delle criptomonete possedute.
Ogni wallet è formato da una chiave pubblica, che rappresenta l'indirizzo del portafoglio, e da una privata (da non rivelare a nessuno e custodire in maniera sicura) che dà il pieno controllo dei fondi. I dati criptati attraverso una chiave privata possono essere decriptati solo ricorrendo alla sua relativa chiave pubblica.

Vediamo nello specifico com'è rappresentata una transazione.

## 2 - Analisi di una transazione

Una transazione prevede la richiesta di trasferimento di valori tra wallet di Bitcoin e, al termine dell'operazione, la registrazione di questi dati all'interno della blockchain.
Più precisamente, all'atto di una transazione ciò che viene ceduto è il certificato di proprietà delle criptomonete che si intende trasferire.
Per meglio capire questo concetto, proviamo a immaginare i BTC come delle banconote reali custodite in una cassaforte, nonostante la loro natura puramente digitale.
Ogni banconota è provvista di un codice seriale grazie al quale è possibile associare un preciso proprietario annotando il tutto su un registro contabile. Nel momento in cui Caterina vorrà trasferire una certa somma a Sofia, basterà associare a quest'ultima i codici seriali delle banconote cedute.

Similmente, nel momento in cui una transazione di BTC viene confermata, nella blockchain viene trascritto l'indirizzo del nuovo proprietario dei fondi corrispondente alla sua chiave pubblica.

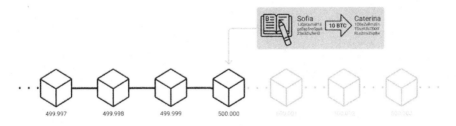

**Figura 5.2** – Registrazione di una transazione nel blocco.

## UTXO (Unspent Transaction Output)

Queste ipotetiche banconote o monete virtuali sono tecnicamente caratterizzate da una catena di firme digitali definite UTXO (che in italiano potremmo tradurre con "output di transazione non spesa"). È il modello contabile con cui si tiene traccia delle transazioni all'interno della blockchain di Bitcoin.

Un UTXO rappresenta una quantità di BTC associata a un indirizzo e che non è stata ancora spesa dal proprietario.

Il saldo di un wallet è ricavato dal totale di UTXO che risultano sotto il suo controllo.

Contrariamente a un conto in banca, in cui il totale dei contanti versati viene aggregato in maniera indistinta, in BTC l'insieme dei vari UTXO resta indivisibile in una maniera analoga alle banconote costudite all'interno di una cassaforte.

Un utente che spende dei BTC in pratica sta usando uno o più specifici UTXO. Inoltre, proprio come le comuni banconote, gli UTXO devono essere sempre spesi per intero. Tuttavia, se l'importo da spendere è inferiore rispetto al valore dell'UTXO utilizzato, si otterrà un UTXO avente come valore il resto. In casi come questo vengono registrate sulla blockchain due diverse transazioni: una relativa all'UTXO utilizzato per effettuare l'acquisto a una relativa al resto restituito all'acquirente.

Quando facciamo un pagamento con carta di credito, dal nostro conto viene sottratta direttamente la somma esatta che spendiamo. Pagando in contanti, invece, dobbiamo utilizzare una o più banconote per raggiungere la cifra utile al pagamento. Se la somma da spendere è inferiore al valore delle banconote cedute, otterremo dall'esercente delle banconote o delle monete di resto. Sotto questo punto di vista, quindi, BTC si comporta in maniera analoga ai contanti.

Supponiamo di voler effettuare una transazione di 7 BTC. Aprendo il nostro wallet scopriamo di avere un totale di 25 BTC composti da 1 UTXO da 10 BTC e 1 UTXO da 5 BTC. Per trasferire i 7 BTC richiesti, utilizzeremo l'UTXO da 10 ottenendo come resto un UTXO da 3 BTC.

Vediamo un ulteriore esempio. Sofia dispone di un UTXO del valore di 20 BTC e vuole inviare 15 BTC a Caterina. Il sistema, quindi, andrà a registrare due transazioni. La prima di 15 BTC da parte di Sofia verso Caterina, la seconda di 5 BTC che Sofia invierà a sé stessa.

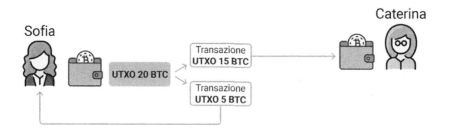

**Figura 5.3** – Pagamento in Bitcoin con resto.

## INPUT E OUTPUT

Per elaborare le transazioni, Bitcoin utilizza un sistema di scripting, ovvero una serie di istruzioni impartite in sequenza, utili per verificare la correttezza dei dati in maniera efficiente.

Questo linguaggio di scripting è detto "Bitcoin Script".

## APPROFONDIMENTO

Il Bitcoin Script è un linguaggio di programmazione estremamente limitato ma utile per effettuare una serie di controlli sulla correttezza dei dati. Si tratta di un linguaggio "Turing incomplete" e "stack based". Rispetto a un linguaggio Turing complete, un linguaggio Turing incomplete presenta diversi limiti, spesso caratterizzati dall'impossibilità di effettuare cicli loop o altre tipologie di funzioni ricorsive.

Nel caso di Bitcoin si tratta di una scelta adottata consapevolmente per motivi di sicurezza, al fine di garantire che ogni programma avviato si concluda in tempi utili ed evitare casi di infinite loop (in gergo informatico, parti di codice che si ripetono all'infinito) che potrebbero bloccare l'intero network.

Bitcoin Script è anche definito "stack based" in quanto è basato su una struttura dati stack di tipo LIFO (Last Input First Output) dove l'ultimo elemento che entra (push) nello stack è il primo a uscire (pop).

Oltre a una serie di informazioni relative agli indirizzi del mittente e del destinatario, una transazione è composta da uno script diviso due parti: l'input e l'output.

Nella sezione di input troviamo uno script denominato "scriptSig", anche detto "unlocking script" ("script di sblocco"), che contiene la firma digitale del destinatario e la sua chiave pubblica.

Nella sezione di output, invece, troviamo lo script chiamato "scriptPubKey" o anche "locking script" ("script di blocco"), che determina le condizioni di spendibilità dei BTC inclusi nella transazione a cui il destinatario dovrà obbligatoriamente attenersi.

Il destinatario della transazione potrà spendere i suoi BTC solo quando saranno soddisfatte le condizioni stabilite dallo scriptPubKey di chi gli ha inviato precedentemente quel determinato UTXO.

Le transazioni BTC utilizzano gli output di transazione non spesi, ovvero gli UTXO di transazioni precedenti, come input di una nuova transazione. Per semplificare, immaginiamo che Caterina voglia inviare a Sofia 1 BTC, tenendo conto che i costi commissione di una transazione in quel momento siano di 0,25 BTC.

Caterina utilizzerà i precedenti UTXO in suo possesso come input per la sua transazione con Sofia.

Tali input potrebbero essere:
- input 1: 0,25 BTC;
- input 2: 0,25 BTC;
- input 3: 0,25 BTC;
- input 4: 0,25 BTC;
- input 5: 0,25 BTC.

Ipotizzando i costi di transazione di 0,25 BTC, l'output – ovvero la quantità di BTC che Sofia riceverebbe effettivamente – sarebbe simile a questo:
- output 1: 0,25 BTC;
- output 2: 0,25 BTC;
- output 3: 0,25 BTC;
- output 4: 0,25 BTC.

Sofia, quindi, al termine della transazione formata da 4 distinti UTXO di output, riceverà l'ammontare di 1 BTC.

Tuttavia, affinché Sofia possa spendere i suoi BTC, ogni scriptPubKey situato all'interno di ogni output deve essere prima soddisfatto dallo script di sblocco scriptSig relativo alla nuova transazione che intende mettere in atto.

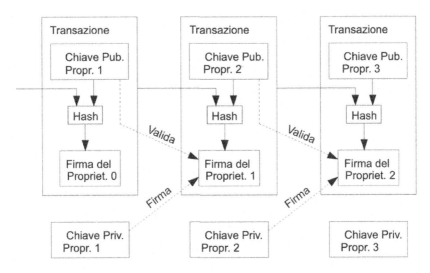

**Figura 5.4** – Un sistema di moneta elettronica peer-to-peer.
Immagine tratta da https://bitcoin.org/bitcoin.pdf. Traduzione di @Terzim.

**DEFINIZIONE** Definiamo come valuta elettronica una catena di firme digitali. Ciascun proprietario trasferisce valuta al successivo firmando digitalmente un hash della transazione precedente e la chiave pubblica del nuovo proprietario. Colui che riceve un pagamento può verificare le firme digitali per validare la catena di proprietà.

**RIASSUMENDO** Come un comune portafogli è caratterizzato da una serie di banconote indivisibili, in maniera analoga un wallet di BTC è formato da UTXO. La somma di tali output compone il saldo disponibile. Ogni transazione è formata da uno script diviso in due parti: input (scriptSig) e output (scriptPubKey). A ogni input e output corrisponde un determinato UTXO da trasferire.

Ogni output di UTXO prima di poter essere speso dal suo nuovo proprietario è sottoposto a una verifica: lo scriptSig della nuova transazione deve rispettare le condizioni riportate all'interno dello scriptPubKey generato dalla transazione precedente.

## 3 - Merkle Tree

Le numerose transazioni in attesa di validazione vengono selezionate dai miner al fine di massimizzare i possibili ricavi scaturiti dalle commissioni di convalida. Dunque, vengono raggruppate all'interno di un blocco attraverso un sistema detto "Merkle Tree". Si tratta di una struttura che, mediante la crittografia, consente di organizzare in maniera efficiente e sicura grandi quantità di dati.

Anche detto "albero hash" o, in italiano, "albero di Merkle", questo sistema prende il nome dall'informatico Ralph Merkle che lo brevettò nel 1979. In questa tipologia di struttura, i dati vengono organizzati in maniera gerarchica. Proprio come il tronco di un albero, essi si dividono in diversi rami ognuno dei quali termina con le proprie foglie.

Un albero di Merkle è composto da diversi nodi di dati distribuiti su più livelli (da non confondere con i nodi di una blockchain). Ogni nodo a sua volta può avere uno o più child node ("nodi figli"). Il nodo in cima alla struttura è chiamato "root node" ("nodo radice"), mentre i nodi all'estremità inferiore (senza child node) sono chiamati "leaf" ("foglie"). Ogni nodo è rappresentato da un hash calcolato dalla somma dei due nodi precedenti fino ad arrivare alle foglie.

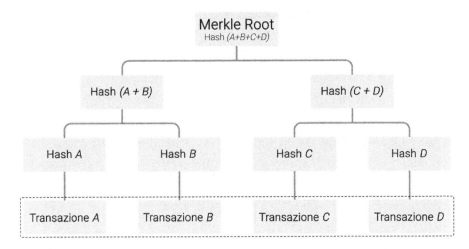

**Figura 5.5** – Ramificazioni degli hash in un Merkle Tree.

Anche se siamo soliti immaginare un albero partendo dalla radice in basso fino ad arrivare in alto alle foglie, in questo caso è più corretto ragionare in maniera contraria. Infatti, si parte dall'hash delle singole foglie fino ad arrivare all'ultimo nodo radice scaturito dall'hash ricorso di ogni nodo precedente.

L'utilizzo del Merkle Tree nella blockchain di Bitcoin è stato introdotto da Satoshi Nakamoto nel suo white paper.

In Bitcoin ogni foglia rappresenta l'hash di una transazione. Attraverso il Merkle Tree è possibile racchiudere tutte le transazioni contenute in un blocco (circa 2.000) in un singolo hash detto "Merkle Root".

Dopo l'elaborazione del Merkle Tree, attraverso un processo denominato "Merkle Proof" è possibile verificare in maniera rapida e sicura che una transazione sia effettivamente contenuta in un determinato blocco.

Grazie alle proprietà degli hash (cfr. il capitolo Blockchain e DLT), la modifica di una singola transazione comporterebbe l'alterazione del Merkle Root, rendendo subito palese la scorrettezza.

È da notare che la funzione di hash utilizzata è sempre la SHA 256 e il Merkle Root che ne scaturisce è sempre di 32 byte.

# 4 - Anatomia di un blocco e mining

Con una cadenza di circa 10 minuti, i nodi miner selezionano un numero massimo di 2.000 transazioni (limite in realtà superato, come vedremo), le organizzano in un Merkle Tree e avviano l'elaborazione per minare e, quindi, validare un blocco.

Ogni blocco è composto da due parti principali: il block header (la "testa" contenente una serie di informazioni basilari) e la lista delle transazioni vere e proprie.

Analizziamo nel dettaglio la loro composizione.

## BLOCK HEADER

Potremmo definire il block header una sorta di documento di identità del blocco, il quale contiene una serie di informazioni utili alla validazione dei dati e alla sua concatenazione nella blockchain.

Nel corso degli aggiornamenti al network (soft fork), le informazioni racchiuse all'interno di un blocco variano lievemente.

A prescindere dalla versione del software adottato dal nodo, ogni blocco è essenzialmente formato dai seguenti campi:

— version: è il numero di versione attraverso il quale i minatori possono tenere traccia di eventuali modifiche o aggiornamenti apportati al protocollo;

— timestamp: è l'ora in cui è stato eseguito l'hashing di un determinato blocco; il timestamp è registrato in Unix Time che conta il numero di secondi trascorsi da un determinato momento; per la blockchain di Bitcoin, quel particolare momento è il 1° gennaio 1970, data in cui è stato creato il sistema operativo Unix;

— difficulty target: è l'obiettivo di difficoltà rappresentato in potenza di calcolo utile per estrarre un blocco; la difficoltà misura il tempo impiegato per estrarre un nuovo blocco; un obiettivo di difficoltà più alto indica che è necessaria una maggiore potenza di calcolo per estrarre un nuovo blocco;

– nonce: è la variabile che viene aggiunta all'hash del blocco per eseguire i calcoli del PoW (approfondiremo l'argomento fra poco);

– hash del blocco precedente: è l'hash che riassume i dati relativi al blocco estratto precedentemente;

– Merkle Root: come abbiamo visto precedentemente, si tratta dell'hash dell'interno Merkle Tree che sintetizza tutte le transazioni incluse nel blocco.

## LISTA DELLE TRANSAZIONI

Si tratta, in pratica, di una tabella con l'elenco di tutte le transazioni racchiuse nel blocco. Come abbiamo già visto, per ogni transazione sono indicati l'header con i dettagli della transazione, l'input con lo scriptSig che verifica la disponibilità dei fondi e l'output con lo scriptPubKey che conferma l'identità del nodo.

La prima transazione presente nella lista è detta "coinbase" e rappresenta le nuove monete generate date in ricompensa al miner che ha validato il blocco. La coinbase è una transazione particolare in quanto, composta da monete appena minate, è priva del dato di input.

## IL PROCESSO DI MINING

Abbiamo chiarito com'è strutturato un blocco e le transazioni al suo interno.

Ricapitolando, un nodo miner per poter validare un blocco dovrà eseguire la famosa "prova di lavoro", la PoW che attraverso una serie di calcoli crittografici troverà l'hash che gli darà il diritto di minare il blocco; quindi, di aggiungerlo alla blockchain e ottenere in compenso nuove monete e una commissione sulle transazioni validate.

Ma come avviene il processo di mining? Come viene validato un blocco e le transazioni al suo interno?

Siamo arrivati alla resa dei conti.

Attraverso il software di mining, un full-node seleziona le richieste di transazione effettuate da altri nodi che intendono trasferirsi criptomonete, le "impacchetta" all'interno di un blocco e genera l'hash del suo header.

A questo hash viene aggiunta la variabile nonce, un numero casuale che i minatori competono per poter validare il blocco ed effettuare nuovamente l'hash (rehashing).

Dopo il rehashing, il risultato viene confrontato con il numero di difficoltà indicato dal target. Se questo è inferiore al valore target, il blocco viene aggiunto alla blockchain. In caso contrario, il nonce viene modificato e il processo si ripete finché non viene trovato un valore inferiore a quello target.

A meno che non venga trovata una soluzione valida al primo tentativo, i minatori continuano a eseguire calcoli di hash variando il valore del nonce. La PoW, in sostanza, consiste proprio nel trovare il corretto valore di nonce, cosa che richiede tantissimi tentativi e un'elevatissima capacità di calcolo.

Più alto è il target di difficoltà, maggiore è il tempo necessario ai nodi miner per scovare il nonce corretto, detto "golden nonce", ovvero una variabile in grado di generare un hash inferiore alla difficoltà target.

L'hash generato con un golden nonce per essere minore dell'hash di target deve essere preceduto da una certa quantità di zeri proporzionale alla difficoltà di calcolo.

Il minatore che trova per primo il golden nonce lo comunica agli altri full-node del network che, appurata la correttezza del calcolo, acconsentono a validare il blocco.

**RIASSUMENDO** Ogni nodo miner seleziona le richieste di transazione, le raggruppa in un blocco ed effettua l'hash di quest'ultimo. Avvia, quindi, l'elaborazione della PoW che consente di trovare la corretta variabile nonce che possa generare un preciso risultato crittografico. Il primo nodo che trova il risultato corretto valida il blocco e lo invia agli altri nodi del network per aggiungerlo alla blockchain.

IN PRATICA    Anche tu puoi visualizzare tutte le transazioni e i relativi blocchi minati sulla blockchain attraverso semplici tool online come quello disponibile all'indirizzo https://www.blockchain.com/it/explorer.

## 5 - Consenso distribuito

Per confermare un blocco minato da un loro "collega", tutti i full-node del network procedono a verificare che non vi siano transazioni scoperte o incoerenti rispetto a quelle registrate precedentemente nella blockchain.

Se il blocco in questione non supera il processo di verifica, questo viene scartato e il network procede a valutare la proposta di validazione del blocco minato da un altro nodo.

Se, invece, i full-node approvano il lavoro svolto dal miner, il blocco in questione viene confermato ed è possibile passare alla lavorazione del successivo.

Ogni nuovo blocco validato viene concatenato in maniera indissolubile alla blockchain. Come abbiamo visto, infatti, nell'header di ogni blocco troviamo anche l'hash relativo al blocco precedente. Questo sistema garantisce in maniera efficace l'immutabilità del ledger che si consolida, in modo esponenziale, man mano che vengono aggiunti nuovi blocchi. Se, infatti, un nodo cercasse di manomettere un blocco precedentemente registrato, cambierebbe anche il suo hash andando di conseguenza a invalidare l'intera catena di blocchi successivamente generati.

Non avendo limiti geografici, la rete Bitcoin è effettivamente composta da nodi sparsi in tutto il pianeta. Questo, oltre all'elevato numero di richieste di transazione, può talvolta causare problemi di latenza o di velocità di propagazione del nuovo blocco minato, creando un fork provvisorio della rete. Sebbene appartengano alla stessa blockchain, può succedere, ad esempio, che, per problemi di comunicazione, una serie di nodi a situati a Roma convalidino un blocco differente rispetto ai nodi situati a Sydney. In casi come questo il network si biforca momentaneamente in due blockchain parallele: una parte che continua a minare e concatenare i nuovi blocchi seguendo l'ultimo blocco validato a Roma; una parte che segue, invece, l'ultimo blocco validato a Sydney. Tra le due prevarrà quella con la catena più lunga, cioè quella in cui è stata sfruttata una maggiore potenza di calcolo. I minatori che stavano inconsapevolmente lavorando sul ramo più corto, quindi, non avranno diritto a ricevere ricompense per i blocchi minati erroneamente (detti "blocchi orfani"). Provvederanno perciò a rimuovere questi ultimi e torneranno a occuparsi della catena corretta.

Per evitare che, in casi del genere, siano per sbaglio elargite ricompense per blocchi che verranno poi annullati, la coinbase sarà effettivamente ottenuta dal miner "vincitore" solo dopo la concatenazione di ulteriori 100 nuovi blocchi. Si tratta di un'operazione che in termini di tempo equivale a un'attesa di circa 16 ore e 40 minuti.

**RIASSUMENDO** Un nuovo blocco minato viene inviato a tutti i nodi miner del network, i quali provvedono a verificare la correttezza dei dati. Se il controllo viene superato, il blocco viene approvato e si raggiunge il consenso distribuito. Per evitare problemi relativi a latenze di rete o sovraccarichi, prima che un miner possa effettivamente beneficiare della ricompensa guadagnata nel processo di mining è necessario attendere l'approvazione di 100 blocchi successivi.

# Scalabilità e SegWit (Segregated Witness)

Con l'affermarsi della criptovaluta e la conseguente crescita del network, a un certo punto Bitcoin è andato a scontrarsi con l'inevitabile problema dalla scalabilità. In altre parole, la velocità nel processare le transazioni non si è adeguata all'esponenziale crescita del numero di utenti.

Il numero di persone coinvolte è incrementato dalle poche decine di appassionati dei primi anni, fino ai quasi 500 milioni di utenti nel 2022. In pratica, gli stessi che poteva contare Internet nel 1997.

Inaspettatamente, il volume delle transazioni quotidiane è aumentato a dismisura (se ne stimano centinaia di migliaia), con la conseguenza di tempi di attesa e costi di commissione sempre più elevati.

Ecco perché, già dalla prima conferenza internazionale "Scaling Bitcoin" tenutasi nel dicembre 2015, si proponeva l'obiettivo di trovare una soluzione alle difficoltà che il network stava riscontrando, cercando di migliorare in maniera sicura la scalabilità senza comprometterne la natura decentralizzata.

Nel corso dell'evento, Pieter Wuille, uno degli sviluppatori più attivi nel progetto Bitcoin Core, introdusse per la prima volta SegWit: esso si proponeva come un soft fork basato su un protocollo di lavoro flessibile che modifica il metodo di archiviazione dei dati.

Spesso potresti trovarlo indicato anche con la sigla BIP 141, acronimo di Bitcoin Improvement Proposal ("proposta di miglioramento per Bitcoin").

Inizialmente il protocollo di consenso di Bitcoin imponeva che ogni blocco avesse una dimensione massima di 1 megabyte, limite che in teoria garantiva di convalidare fino a 2.000 transazioni in un singolo blocco. Ogni blocco superiore a questa dimensione veniva automaticamente rigettato dai nodi miner.

SegWit è riuscito a incrementare la scalabilità ampliando le dimensioni del blocco in maniera brillante, senza innescare un hard fork del network.

Evitando di addentrarci in complicati dettagli tecnici, il nuovo protocollo va a isolare le informazioni delle transazioni dalle firme digitali utili per la loro validazione che, paradossalmente, occupano circa il 65% dell'intero blocco.

Questa sezione separata è detta appunto "testimone" (witness) in quanto racchiude al suo interno la firma di sblocco dei dettagli della transazione come i dati del destinatario e del mittente.

In parole povere i dati riguardanti la firma digitale che caratterizzavano gran parte del peso del blocco, sono rimossi dal blocco principale e archiviati in uno separato, ottenendo in tal modo un blocco finale composto da 3 megabyte di dati di firma e 1 megabyte di dati di transazione.

La separazione della transazione in due parti ha consentito, quindi, di aggirare il limite di 1 megabyte, portando la dimensione massima effettiva di ciascun blocco a un valore di quasi 4 megabyte con un risultato di oltre 3.000 transazioni in un'unica validazione.

SegWit è stato ufficialmente attivato nella blockchain di Bitcoin il 24 agosto 2017 ottenendo una crescente adozione da parte di tutti i nodi miner.

A ottobre dello stesso anno, le transazioni SegWit erano pari al 10% del totale, mentre sei mesi dopo SegWit aveva superato il 30% delle transazioni registrate.

All'inizio del 2022 l'utilizzo del nuovo protocollo è stato censito in oltre l'80% delle transazioni, un dato che conferma in maniera definitiva il suo decollo nel network.

# Bitcoin Cash: l'hard fork di Bitcoin

Nonostante l'incremento di prestazioni ottenuto con SegWit, in un numero non indifferente di sviluppatori e miner persisteva un serio malcontento. Per i trasferimenti di piccole somme, infatti, i problemi di scalabilità erano tutt'altro che risolti. Anche con l'adozione del nuovo protocollo, i pagamenti di cifre minori risultavano ancora troppo lenti e sconvenienti in termini di costi.

Secondo questa fetta della community, il progetto non stava più rispecchiando gli ideali di Satoshi Nakamoto che vedeva in Bitcoin una valuta digitale aperta a chiunque.

Così, in concomitanza del rilascio di SegWit ritenuto a tutti gli effetti un soft fork, i nodi che non ritenevano sufficienti le misure adottate dal nuovo protocollo intrapresero la strada dell'hard fork. Il 1° agosto 2017, giunti al blocco numero 478.559, la rete Bitcoin si è scissa dando vita a Bitcoin Cash.

A differenza di Bitcoin, questa nuova blockchain adotta un sistema di scalabilità on-chain che consente di incrementare dinamicamente la grandezza dei blocchi. Al momento questo parametro è impostato a 8 megabyte, ma sarà possibile incrementarlo in futuro senza compromettere la stabilità della rete.

Questa soluzione permette di elaborare nello stesso momento un numero di transazioni decisamente più elevato con minori costi di commissione.

Bitcoin Cash, inoltre, a differenza della soluzione introdotta da SegWit, continua a integrare le firme all'interno dei blocchi validati grazie alla tecnologia SecureSigs.

# Il trilemma della scalabilità

Il trilemma della scalabilità è una teoria che riguarda i tre principi fondamentali della tecnologia blockchain, vale a dire: sicurezza, scalabilità e decentralizzazione.

Ideato da Vitalik Buterin, il trilemma afferma che tutte le blockchain possano eccellere in solo due delle tre qualità appena citate.

Rivediamo rapidamente queste tre proprietà fondamentali per ogni blockchain.

– Decentralizzazione: il controllo del network deve essere distribuito in maniera equa fra tutti i partecipanti.

– Sicurezza: il network deve ricorrere ad adeguati algoritmi di consenso in grado di garantire la correttezza delle transazioni.

– Scalabilità: il network deve essere in grado di reggere un carico di lavoro proporzionale alla sua crescita.

Un esempio calzante del trilemma è proprio Bitcoin: una criptomoneta decentralizzata ed estremamente sicura ma troppo lenta nel processare un elevato numero di transazioni.

Come abbiamo già chiarito, la poca scalabilità di Bitcoin è dovuta principalmente al suo algoritmo di consenso di tipo PoW che, a differenza di altri come il PoS, non gli permette di scalare in maniera esponenziale.

Per risolvere il trilemma ed evolversi a tutti gli effetti in una blockchain ideale, il protocollo creato da Satoshi Nakamoto deve necessariamente trovare un modo per scalare. Grazie a un progetto avviato nel 2017 e ancora oggi in evoluzione – denominato "Lighting Network" –, Bitcoin ha quasi raggiunto questo obiettivo.

## Lightning Network

Come avrai intuito, né Bitcoin, né Bitcoin Cash sono riusciti a ottenere risultati accettabili per un utilizzo mainstream. Sebbene entrambe le criptovalute abbiano aumentato il numero di transazioni possibili, i tempi di convalida di un singolo blocco restano ancora troppo elevati per i pagamenti degli acquisti di tutti i giorni.

Rapportando i tempi di convalida di un blocco con il numero di transazioni registrate al suo interno, scopriamo che Bitcoin raggiunge un throughput (massimo numero di transazioni al secondo) estremamente basso che equivale a 7 TPS (transactions per second). Effettuando lo stesso calcolo su Bitcoin Cash otteniamo 60 TPS, una cifra comunque troppo bassa. Si tratta, infatti, di risultati ben diversi da quelli dei comuni circuiti di carte di credito, i quali sono in grado di processare migliaia di transazioni al secondo.

Come avrai capito, la questione del throughput ridotto è un problema non trascurabile che sta sensibilmente restringendo le possibilità d'uso di gran parte delle criptovalute.
Tuttavia, SegWit ha aperto a Bitcoin la strada per una soluzione in grado di fare realmente la differenza. Sfruttando alcune caratteristiche introdotte con questo aggiornamento, infatti, dal 2017 è stata aggiunta la possibilità di ricorrere a canali di pagamento off-chain (fuori dalla rete blockchain) che, non essendo vincolati dalla conferma del blocco, consentono di effettuare transazioni immediate senza tuttavia comprometterne la sicurezza.

In questo ambito si sta sempre più affermando la tecnologia Lightning Network. Si tratta di un protocollo di pagamento di secondo livello che, attraverso l'apertura di una serie di canali privati tra gli utenti, è in grado di ridurre drasticamente il carico di lavoro della blockchain.
All'apertura tra due parti viene di un canale assegnato a quest'ultimo un indirizzo multisignature nel quale vengono stabiliti gli importi che entrambe intendono vincolare. Definito il canale, le due parti potranno effettuare tra di loro tutte le transazioni che necessitano senza che queste vengano registrate sulla blockchain, quindi con tempi e costi di commissione che rasentano lo zero. Sfruttando il Lightning Network, infatti, le operazioni vengono registrate sulla blockchain solo all'apertura e alla chiusura di un canale di transazione.
In altre parole, il canale di pagamento e le somme a esso vincolate vengono registrati sulla blockchain, ma tutte le transazioni che prevedono una semplice redistribuzione delle cifre vincolate vengono gestite fuori dalla blockchain, attraverso il Lightning Network. In qualsiasi momento, le parti

che hanno aperto il canale possono decidere unilateralmente di chiuderlo e solo il saldo delle transazioni verrà registrato sulla blockchain di Bitcoin.

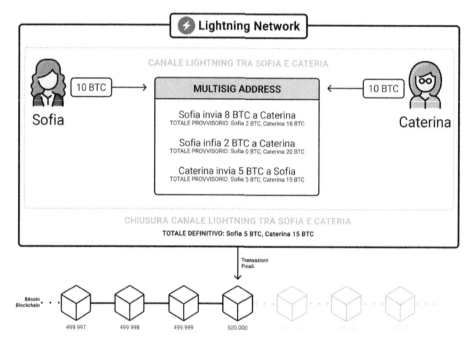

**Figura 5.6** – Canale Lightning Network tra due utenti.

Inoltre, grazie all'uso degli intermediari, qualora esista già un percorso indiretto tra due utenti è possibile evitare l'onerosa apertura di un nuovo canale diretto tra loro. Questo genere transazioni, dette "fuori percorso", permette anche di scegliere l'instradamento più vantaggioso in termini di velocità o di commissioni.

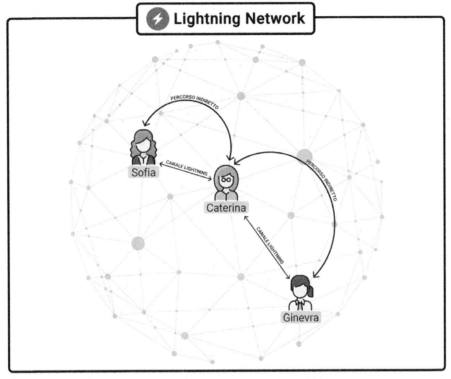

**Figura 5.7** – Transazione Lightning Network tramite intermediari.

Facciamo un esempio.

– Sofia (vincolo di 10 BTC) e Caterina (vincolo di 10 BTC) aprono un canale di transazione;

– Sofia invia a Caterina 5 BTC;

– Caterina (vincolo di 20 BTC) e Ginevra (vincolo di 30 BTC) aprono un canale di transazione;

– Caterina invia a Ginevra 10 BTC;

– Ginevra, tramite Caterina, invia a Sofia 10 BTC;

– Sofia e Caterina chiudono il loro canale di transazione registrando rispettivamente un totale di 15 BTC e 20 BTC;

– Caterina e Ginevra chiudono il loro canale di transazione registrando rispettivamente un totale di 10 e 30 BTC.

Questa soluzione presenta diversi vantaggi anche in termini di privacy. All'interno del Lightning Network, infatti, ogni operazione avviene all'oscuro delle parti non coinvolte.

Infine, in seguito alla chiusura di un canale privato, sul ledger della blockchain verrà registrato solo il totale delle somme scambiate, senza alcuna traccia di tutte le reali transazioni effettuate precedentemente sul Lighting Network.

Trattandosi di trasferimenti fuori dalla blockchain, a questo punto probabilmente ti starai chiedendo come, senza un algoritmo di consenso, il sistema possa tutelarsi dal rischio di controparte (che, lo ricordiamo, è il rischio che non vengano rispettati gli accordi tra le parti). Senza dubbio un'osservazione più che lecita, ma puoi stare tranquillo.

In questo caso la sicurezza del network viene garantita grazie all'utilizzo degli smart contract ("contratti intelligenti"), argomento che approfondiremo. Per il momento, volendo semplificare il più possibile, potremmo paragonare uno smart contract a una sorta di software scritto all'interno della blockchain, il quale viene avviato automaticamente solo al verificarsi di una determinata condizione.

**DEFINIZIONE** Il Lightning Network è una rete decentralizzata di nodi che consente di inviare un numero potenzialmente illimitato di transazioni in maniera istantanea. Questa rete è parallela alla blockchain di Bitcoin ed esegue alcune transazioni sulla blockchain e altre off-chain.

Nello specifico, Lightning Network fa uso di una particolare tipologia di contratti: HTLC (Hash Time Locked).
Per garantire la correttezza delle transazioni, l'HTLC usa due tipologie di sistemi:

    — il timelock, utilizzato per limitare il tempo in cui un canale di pagamento resta attivo; questo impedisce che un utente si dilegui, lasciando i fondi del portafoglio bloccati; ad esempio, nel caso in cui Caterina scompaia, Sofia potrà ancora recuperare i propri fondi quando il timelock decreterà lo scadere del canale;

— l'hashlock, un tipo di algoritmo che blocca una transazione fino a quando l'identità delle parti non viene confermata; ad esempio, un pagamento viene inviato a Caterina solo in seguito alla sua identificazione tramite chiave crittografica.

## Micropagamenti

Lightning Network ha per di più aggiunto la possibilità di effettuare micropagamenti. In Bitcoin, infatti, esiste un limite minimo di spesa pari a 0,00000546 BTC. Per quanto piccola, questa quantità, attualmente utile per acquistare appena una caramella, potrebbe rappresentare un limite un domani, quando il valore di Bitcoin, si spera, sarà cresciuto ulteriormente. Con Lightning Network è possibile, invece, superare questo limite di spesa, consentendo di trasferire anche la più piccola unità attualmente disponibile, pari a 1 sat.

Se nel prossimo futuro saremo in grado di pagare un caffè al bar in BTC, con grande probabilità sarà proprio grazie a questo network di secondo livello.

| CRIPTOVALUTA | BITCOIN |
|---|---|
| Ticker | BTC |
| Simbolo | ₿ |
| Creata da | Satoshi Nakamoto |
| Blockchain | Bitcoin |
| Attivo dal | 2009 |
| Quantità massima di monete | 21 milioni |
| Tempo approvazione blocco | 10 minuti |
| Transazioni per blocco | 3000 |
| Unità minima | Satoshi (1/10^8 Bitcoin) |
| Algoritmo di consenso | Proof of Work |

CAPITOLO 6

# ALTCOIN: ETHEREUM E LE ALTRE PRINCIPALI CRIPTOVALUTE

*L'ETHER E IL TOKEN DELLA RETE ETHEREUM CHE SI CONCENTRA SULL'INFRANGERE IL DIRITTO CONTRATTUALE.*

——————————————— *Cameron Winklevoss, co-fondatore e presidente di Gemini* [1]

## Non solo Bitcoin

Come abbiamo già detto, Bitcoin è la capostipite delle criptovalute e rappresenta ancora oggi quella più quotata in assoluto.

La sua perfetta combinazione di diverse soluzioni tecniche è fonte d'ispirazione per continui nuovi progetti, sempre più articolati e complessi. Nonostante la maggior parte di queste risultino del tutto irrilevanti, attualmente si contano oltre 20.000 differenti criptomonete e la

---

[1] https://www.ccn.com/winklevoss-brothers-bitcoin-will-disrupt-gold-as-crypto-holds-the-future

rivoluzione innescata oltre un decennio fa da Satoshi Nakamoto non sembra affatto rallentare.

Con il termine "altcoin" (alternative coin) si intendono tutte quelle monete "alternative" a Bitcoin, il cui boom si è registrato tra il 2015 e il 2017.

**DEFINIZIONE** Tutte le criptomonete alternative a Bitcoin sono ritenute altcoin.

Allo stato attuale, visto il cospicuo numero di criptovalute disponibili, parlare di altcoin per descrivere una nuova moneta forse non ha più la stessa rilevanza rispetto a qualche anno fa. Di fatto, a esclusione di Bitcoin, le migliaia di monete alternative oggi disponibili sono tutte, ovviamente, altcoin.

Ormai per definire un nuovo progetto, è decisamente più importante identificarne la generazione o il layer di appartenenza.

Si concorda nel definire di prima generazione tutte quelle altcoin basate principalmente sul codice sorgente di Bitcoin, la cui governance è ottenuta attraverso algoritmi di tipo PoW.

Sebbene il dibattito sia ancora aperto, in molti sono d'accordo nel definire di seconda generazione le blockchain basate su un algoritmo di tipo PoS e in grado di eseguire smart contract di tipo Turing complete. Vengono indicate come di terza generazione, infine, le blockchain basate su più moderni algoritmi di consenso come il DPoS, i quali permettono livelli di scalabilità sensibilmente superiori. Queste, inoltre, sono maggiormente predisposte allo sviluppo di applicazioni decentralizzate, permettendo talvolta sofisticati algoritmi per transazioni cross-chain.

Oltre a questi parametri, per comprendere appieno un progetto del web 3.0, è importante riuscire a distinguere i diversi livelli di operatività che contraddistinguono un network.

Ad affiancare le blockchain principali del tutto autonome e di primo livello (layer 1), possiamo trovare soluzioni di secondo livello (layer 2) che basandosi su una blockchain "madre" ne riducono il carico di lavoro e ne espandono le funzionalità. Le emergenti tecnologie di terzo livello (layer 3), ancora in via di sviluppo, scaturiscono, invece, da blockchain layer 2 e operano come applicazioni decentralizzate per l'interoperabilità tra network diversi.

Di seguito vedremo una rapida panoramica delle principali altcoin, partendo dalla più importante: Ethereum. Su quest'ultima ci soffermeremo in maniera più approfondita in quanto non solo è tra le più quotate – seconda solo a Bitcoin – ma introduce importantissimi concetti che nel campo delle blockchain rappresentano a loro volta una rivoluzione nella rivoluzione.

Oltre ai dettagli relativi ai fini d'utilizzo, alla governance e all'algoritmo di consenso, per meglio farsi un'idea sulla loro incidenza, per ognuna delle altcoin analizzate troverai anche dettagli relativi alla capitalizzazione di mercato (market cap).

I dati indicati fanno riferimento agli ultimi aggiornamenti registrati nel giugno 2022, in seguito alla "grande recessione delle criptovalute" causata da diverse variabili, tra cui sicuramente l'inizio della guerra in Ucraina.

## Ethereum

A differenza di Bitcoin, il cui unico scopo è quello di consentire transazioni attraverso la propria criptovaluta, la blockchain di Ethereum è stata sviluppata per soddisfare esigenze più ampie e complesse.

Lanciata nell'estate del 2015 da Vitalik Buterin, programmatore e scrittore russo naturalizzato canadese, Ethereum è una piattaforma decentralizzata che permette la creazione e l'esecuzione di smart contract. Ben più complessi rispetto a quelli possibili con Bitcoin, si tratta di contratti intelligenti scritti principalmente in Solidity, un linguaggio di programmazione orientato a oggetti e Turing complete.

La rete Ethereum, quindi, può essere considerata come un vero e proprio computer globale, i cui programmi – gli smart contract – sono eseguiti in modo decentralizzato, continuo e senza alcuna censura.

Ogni smart contract viene eseguito all'interno di un ambiente simile a una macchina virtuale[2]: l'EVM (Ethereum Virtual Machine). Questa opera in modo protetto e completamente separato dalla rete, assicurando che ogni contratto venga eseguito indipendentemente, senza conflitti o intromissioni esterne.

Trattandosi di un progetto open source, questa blockchain può vantare il supporto di una ricca community di sviluppatori che contribuiscono a evolvere e ottimizzare il suo codice sorgente.

La criptovaluta alla base di Ethereum è l'Ether (ETH). Questa è divisa in sottounità: Finney, Szabo, Shannon, Babbage, Lovelace e Wei, così chiamate rispettivamente in onore di Hal Finney, Nick Szabo, Claude Shannon, Charles Babbage, Ada Lovelace e Wei Dai, tutte personalità stimate nel mondo della crittografia, delle criptovalute e del web 3.0 in generale.

---

[2] Si tratta di una soluzione software che offre le stesse funzionalità di un computer fisico, eseguendo un proprio sistema operativo e determinate applicazioni. Noti esempi di software di macchina virtuale per computer Windows, Linux o Mac sono VMware, VirtualBox o Parallels Desktop.

| UNITÀ | VALORE IN ETHER |
|---|---|
| Ether (ETH) | 1 |
| Pwei (milliEther/Finney) | 0,001 |
| Twei (microEther/Szabo) | 0,000001 |
| Gwei (Shannon) | 0,000000001 |
| Mwei (Lovelace) | 0,000000000001 |
| Kwei (Babbage) | 0,000000000000001 |
| Wei | 0,000000000000000001 |

Mentre sulla blockchain di Bitcoin, per merito dell'halving le nuove monete minabili si dimezzano ogni quattro anni fino al raggiungimento massimo 21 milioni di BTC, la politica monetaria di Ethereum è completamente differente.

Allo stato attuale, infatti, non è prevista una quantità massima di ETH e la sua inflazione è tenuta costantemente sotto controllo limitando il numero di nuove monete generate annualmente.

Va notato che in Ethereum troviamo due differenti tipologie di account: quelli riservati ai comuni utenti, gli EOA (Externally Owned Accounts), e quelli relativi agli smart contract, detti "Contract Accounts".

Questi ultimi avviano l'esecuzione del codice descritto nello smart contract di riferimento ogni qual volta viene effettuata una transazione a loro favore.

Oltre a un vasto numero di applicazioni, Ethereum può supportare anche altre criptovalute.

L'insieme di queste particolari caratteristiche ha dato il via a una serie di blockchain analoghe, riconosciute nel web come di "nuova generazione".

## Come funziona

Fino al 15 settembre 2022 Ethereum era basato su un algoritmo di consenso PoW. Dopo anni di test, con il recente aggiornamento noto come "The Merge", l'intero network è migrato al più efficiente e sicuro Casper, un nuovo algoritmo di tipologia PoS.

In realtà, fin dal suo lancio gli sviluppatori stavano pianificando una transizione a lungo termine verso il modello basato sullo staking che ha dato vita a Ethereum 2.0.

Questo ha permesso di diminuire enormemente i costi operativi della rete, con un risparmio energetico pari al 99% rispetto ai precedenti consumi necessari per l'elaborazione PoW.

Come abbiamo già visto nel capitolo Algoritmi di consenso, i sistemi basati su PoW, per elaborare la soluzione crittografica utile alla validazione di un blocco, richiedono un'elevata capacità computazionale e, di conseguenza, un importante dispendio di energia elettrica. Al contrario, i modelli PoS – nei quali, lo ricordiamo, i nodi miner sono detti "validatori" – non ricorrendo al classico mining, necessitano di una potenza di calcolo drasticamente più bassa.

Un altro potenziale vantaggio di Casper riguarda la sicurezza. Essenzialmente, Casper verrà usato come un selettore, responsabile per l'ordinamento della catena di blocchi. In pratica, avrà la funzione di supervisore del registro di Ethereum 2.0. Qualora un validatore dovesse agire in maniera disonesta, l'algoritmo provvederebbe immediatamente a rimuoverlo dal suo ruolo e a penalizzarlo in maniera severa. La punizione per aver infranto le regole, infatti, è la quantità di ETH posti in stake dal validatore, cosa che rende particolarmente sconvenienti i possibili tentativi di brogli.

Incrementando i livelli di decentralizzazione, Casper fornirà maggiori tutele dagli attacchi del 51%.

Anche con il nuovo algoritmo PoS, Ethereum continua a impiegare circa 12 secondi per la validazione di un nuovo blocco; tuttavia, Casper ha consentito un elevato incremento delle transazioni al secondo passando da 25 TPS a un potenziale massimo di 100.000 TPS. In questa prima fase, per diventare un convalidatore di blocchi, gli utenti dovranno avere una stake minima di 32 Ether.

A oggi sono stati rilasciati oltre 101 milioni di ETH con una capitalizzazione di mercato pari a 28 bilioni di dollari.

## Gas fee

La potenza di calcolo necessaria per eseguire un qualsiasi comando su Ethereum è misurata in Gas.

Che si tratti di una comune transazione in ETH o dell'esecuzione di uno smart contract, ogni operazione per essere eseguita sul network richiede una certa quantità di Gas.

Per farsi un'idea, nel yellow paper di Ethereum[3] è presente il tariffario per ogni operazione effettuabile sulla blockchain con i relativi costi espressi in Gas.

Il prezzo del Gas corrisponde al numero di Gwei (pari a 0,000000001 ETH) da pagare per una singola unità di Gas. Questo può variare in base alla quantità di domanda e offerta.

Quando il network risulta particolarmente congestionato a causa dell'elevato numero di richieste di transazioni, il prezzo delle unità di Gas può facilmente aumentare. Contrariamente, quando le domande sono

---

[3] Cfr. https://ethereum.github.io/yellowpaper/paper.pdf, in particolare p. 27. Un yellow paper è una versione più complessa e dettagliata del white paper

ridotte e l'offerta dei nodi pronti a validare un nuovo blocco è elevata, il costo del Gas sarà più basso.

In pratica, quando un utente chiede di effettuare una transazione, attingendo agli ETH in suo possesso può acquistare la quantità di Gas necessaria in quel momento per completare l'operazione.

Per limitare i costi di transazione, ogni utente può indicare il limite massimo di Gas che intende spendere e a quale costo di vendita. Tuttavia, i nodi validatori per massimizzare i propri profitti daranno priorità alle transazioni con un prezzo del Gas più elevato.

Per limite di Gas si intende la quantità massima di Gas richiesta per una transazione. Ad esempio, quando una transazione per essere eseguita richiede 10 Gas ma viene impostato un limite di 8 Gas, l'operazione verrà interrotta al raggiungimento del limite di Gas indicato. In questo caso, anche se l'operazione non è stata portata a termine, tutto il Gas speso andrà perso. Al contrario, fissando un limite di Gas superiore a quello richiesto dalla transazione, il Gas avanzato verrà restituito al mittente. Attualmente per eseguire una comune transazione in Ethereum il limite di Gas consigliato è di 21.000.

Le Gas fee di una qualsiasi operazione, ovvero il totale delle commissioni da pagare in ETH, corrisponde, quindi, al prezzo corrente del Gas moltiplicato per il limite del Gas:

$$\text{Gas fee} = \text{Gas limit} \times \text{Gas price}$$

Dal sito di Ehterscan (https://etherscan.io) possiamo verificare il costo del Gas espresso in Gwei e aggiornato al momento, in modo da poter scegliere il Gas price più affine alle nostre esigenze di priorità e di attesa.

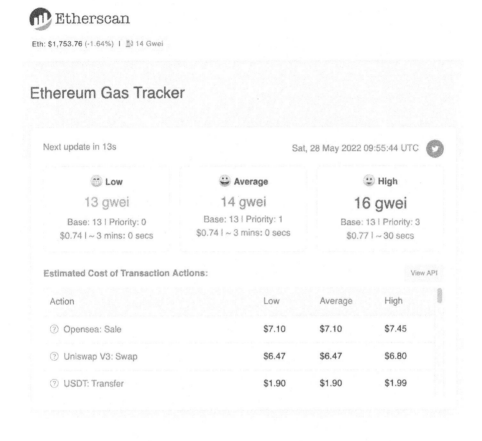

**Figura 6.1** – Costo del Gas monitorato da Etherscan.
Immagine gentilmente concessa da https://etherscan.io/gastracker

Per assicurarsi che la transazione abbia successo è importante settare un prezzo minimo per unità di Gas che sia almeno plausibile. Questo è anche detto "safelow" e, perché venga accolto, almeno il 5% della potenza di calcolo della rete deve accettare tale prezzo per il Gas. Attualmente, questo costo equivale a 24 Gwei per Gas unit. Optando per la cifra di safelow si potrà beneficiare di costi di transazione ridotti, a discapito di tempi di attesa più lunghi per il completamento della transazione.

In sintesi, se una transazione richiede 5 unità di Gas e viene stabilito un limite di costo di 100 Wei per ogni unità di Gas, il costo della transazione risulterà di 500 Gwei. Qualora nello stesso momento, un altro utente imposta un limite di costo di 200 Wei per una transazione simile, in questo caso il costo risulterà di 1.000 Gwei. I nodi validatori daranno sicuramente priorità al secondo utente in quanto permette di ottenere loro maggior profitto dalla validazione della transazione.

Oltre a ricompensare i validatori, i costi del Gas e i suoi limiti imposti servono anche a prevenire eventuali errori di programmazione degli smart contract. Essendo programmati con un linguaggio Turing complete, questi possono essere in grado di effettuare anche istruzioni cicliche con il rischio avviare errori di tipo infinite loop.

In questi casi, terminato il Gas messo a disposizione, l'esecuzione dello smart contract verrebbe automaticamente interrotta evitando in tal modo di congestionare il network.

## Standard dei token

Grazie anche alla sua spiccata propensione agli smart contract, la blockchain di Ethereum supporta un vasto numero di token, più precisamente denominati ERC token (Ethereum Request for Comment). I token possono rappresentare praticamente tutto in Ethereum: nuove criptovalute, strumenti finanziari come una partecipazione in una società, biglietti della lotteria, punti di affiliazione per piattaforme online, skin di un videogioco ecc.

Una caratteristica così potente necessita di essere gestita attraverso una serie di precisi standard, i quali aiutano a garantire che gli smart contract rimangano componibili e interoperabili con altri progetti, in modo tale che uno sviluppatore sappia a prescindere quale funzione richiamare per una determinata operazione.

Tra gli standard più popolari su Ethereum troviamo l'ERC-20, l'ERC-721, l'ERC-777 e l'ERC-1155.

## ERC-20

Si tratta di un'interfaccia standard per token fungibili, ovvero intercambiabili, come i token di voto o le valute virtuali.

I token con tale standard, infatti, godono della proprietà che li rende uguali (per tipo e valore) a un altro token dello stesso progetto. In pratica, un token di tipologia ERC-20 funziona esattamente come ETH, ovvero 1 token è e sarà sempre uguale a tutti gli altri token così come 1 ETH è uguale a qualsiasi altro ETH in circolazione. Il Tether (USDT, criptovaluta basata su token ERC-20) è interscambiabile, o meglio fungibile, con qualsiasi altro gettone USDT, così come una moneta da 1 euro ha lo stesso valore di qualsiasi altra moneta da 1 euro. Di primo acchito sembrerebbero concetti scontati ma, come capiremo in seguito, è estremamente importante che siano ben definiti.

Affinché un token risulti compatibile con lo standard ERC-20, è necessario che siano implementate tutte e sei le funzioni specificate dallo standard:

– balanceOf(): consente a uno smart contract di memorizzare e restituire il saldo dell'indirizzo fornito;

– totalSupply(): definisce il totale dei token in circolazione;

– transfer(): permette di trasferire i token da un indirizzo a un altro proprio come una normale transazione di criptovaluta;

– transferForm(): consente a uno smart contract di automatizzare il processo di trasferimento e inviare un determinato importo del token per conto del proprietario;

– approve(): approva il numero massimo di token che uno smart contract può prelevare dal tuo saldo;

– allowance(): indica la quantità di token restanti che lo smart contract è autorizzato a spendere.

Altre funzioni riconosciute di default ma non obbligatorie per il rispetto dello standard sono name, symbol e decimal. Queste permettono rispettivamente di impostare un nome al gettone, aggiungere un ticker (ad esempio, Bitcoin, Ethereum, Litecoin) e specificare in quante cifre decimali può essere diviso.

Tuttavia, nulla impedisce l'aggiunta di ulteriori funzioni custom, purché vengano rispettate quelle indispensabili. Come già detto, lo scopo principale delle linee guida dietro lo standard ERC-20 è quello di garantire l'interoperabilità tra smart contract.

La sua versatilità lo rende uno strumento perfetto per la realizzazione di svariate tipologie di progetti, in particolare determinate forme di criptovaluta come le stablecoin. La tokenizzazione ERC 20, inoltre, alla stregua delle quotazioni in borsa, grazie alle offerte iniziali di monete (ICO, Initial Coin Offering) concede anche alle piccole e medie imprese l'accesso a finanziamenti senza bisogno di intermediari.

## ERC-721

Al contrario dell'ERC-20, con il quale condivide gran parte delle funzioni, lo standard ERC-721 è utilizzato per generare token non fungibili, ovvero non intercambiabili tra loro.

Ogni token basato su ERC-721, quindi, è unico e può avere un valore diverso rispetto a un altro token dello stesso smart contract, magari dovuto alla differente data di realizzazione o alla sua particolare rarità.

Mentre una moneta da 1 euro è intercambiabile con qualsiasi altra moneta da 1 euro mantenendo sempre il suo stesso valore, un token generato con lo standard ERC-721 è originale e incomparabile con altri token. Immaginiamo di avere una collezione di conchiglie: sebbene alcune possano sembrare simili per forma e colore, nessuna di queste sarà la copia perfetta di un'altra. Anche se impercettibili, ogni coniglia avrà particolari dettagli che la rendono unica ed esclusiva.

Questo standard permette perciò di digitalizzare in maniera univoca qualsiasi asset in maniera tale da renderlo unico e non replicabile sulla blockchain. Pensiamo, ad esempio, a specifici attestati oppure opere d'arte come dipinti, canzoni o romanzi.

I token non fungibili, meglio conosciuti con l'acronimo NFT, sono diventati famosi nel 2018 grazie a CryptoKitties, un gioco di gettoni collezionabili raffiguranti gatti virtuali.

Approfondiremo con cura l'argomento nel capitolo dedicato agli NFT.

## ERC-777

ERC-777 aggiunge funzionalità extra e standardizzate rispetto all'ERC-20, incrementando la privacy delle transazioni o il recupero d'emergenza dei dati in caso di perdita delle chiavi private.

La sua retrocompatibilità con lo standard ERC-20 fa ben presagire una sua completa e definitiva adozione per i token fungibili.

Tuttavia, una maggiore efficienza potrebbe comportare anche un maggior dispendio di Gas rispetto allo standard precedente.

## ERC-1155

Si tratta di un'interfaccia per i contratti che gestiscono più tipi di token. Un singolo contratto distribuito può includere qualsiasi combinazione di token fungibili, token non fungibili o altre configurazioni (ad esempio, token semifungibili).

In pratica, il token ERC-1155 può svolgere le stesse funzioni di un token ERC-20, ERC-721 o entrambi contemporaneamente.

Questo particolare standard consente, inoltre, scambi e aggregazioni di transazioni più efficienti, permettendo al tempo stesso un risparmio in termini di Gas. Attraverso ERC-1155 è possibile creare token d'utilità (come BNB o BAT) e token non fungibili come CryptoPunks.

| CRIPTOVALUTA | ETHER |
| --- | --- |
| Ticker | ETH |
| Simbolo | Ξ |
| Creata da | Vitalik Buterin |
| Blockchain | Ethereum |
| Attivo dal | 2013 |
| Quantità massima di monete | Illimitata |
| Tempo approvazione blocco | 12 secondi |
| Transazioni per blocco | Illimitate |
| Unità minima | Wei (1/10^18 Ether) |
| Algoritmo di consenso | Proof of Stake |

## Ethereum Classic

Ethereum Classic (ETC) è una criptovaluta che ha come obiettivo principale l'immutabilità, espressa popolarmente dalla frase "il codice è legge".

Essa nasce da un controverso hard fork di Ethereum avvenuto nel luglio 2016, appena un anno dopo il suo lancio.

In seguito all'attacco hacker che sfruttava una falla nello smart contract The DAO, vennero rubati circa 3,6 milioni di ETH per un valore totale di oltre 50 milioni di dollari.

Con lo scopo di raccogliere fondi per lo sviluppo della community, diversi mesi prima The DAO era riuscito a mettere assieme ben 150 milioni di dollari in un'ICO.

Per annullare i danni causati dal furto di un terzo del capitale raccolto, gran parte del team di Ethereum decise di eliminare le transazioni irregolari avvenute durante l'attacco. Tale scelta non fu però condivisa da una minoranza di sviluppatori che, in quanto solidi sostenitori del principio d'immutabilità della blockchain, continuarono le attività di mining per la versione originale del network, causando di fatto un hard fork della blockchain.

Ethereum Classic è, quindi, una versione parallela di Ethereum con il quale condivide il primo anno di transazioni registrate nel suo ledger. Per tale motivo spesso in rete viene definita come una rete orfana; tuttavia, nonostante questo, non solo resta tutt'oggi tra le blockchain più quotate ma sta probabilmente per vivere anche un piccolo momento di rivalsa.

A differenza di Ethereum che ha recentemente subito l'importante aggiornamento all'algoritmo Casper basato su PoS, Ethereum Classic è rimasto un puro sostenitore dell'originale PoW, diventando pertanto un'ottima alternativa per tutti quei miner che verrebbero in qualche modo penalizzati dalle nuove regole imposte dal PoS.

Questa criptovaluta riesce a validare un nuovo blocco ogni 15 secondi con 15 TPS. La sua capitalizzazione di mercato sta per raggiungere i 3 miliardi di dollari.

| CRIPTOVALUTA | ETHER CLASSIC |
| --- | --- |
| Ticker | ETC |
| Simbolo | Ξ |
| Creata da | Vitalik Buterin |
| Blockchain | Ethereum Classic |
| Attivo dal | 2015 |
| Quantità massima di monete | Illimitata |
| Tempo approvazione blocco | 15 secondi |
| Transazioni per blocco | Illimitate |
| Unità minima | Wei (1/10^18 Ether) |
| Algoritmo di consenso | Proof of Work |

# Litecoin

Litecoin (LTC) è una criptovaluta ideata nel 2011 da Charlie Lee, uno degli sviluppatori che contribuì alla creazione di Chrome OS.

Mentre lavorava in Google, Lee elaborò il codice di Litecoin nel suo tempo libero basandosi su quello scritto da Satoshi Nakamoto.

Dopo aver estratto appena 150 monete, decise di rilasciare il suo progetto al grande pubblico della rete.

Come egli stesso ha dichiarato, il suo intento non era quello di competere con Bitcoin ma di realizzare una blockchain complementare utile per le più piccole e veloci transazioni di tutti i giorni.

Litecoin utilizza un algoritmo di consenso di tipologia PoW. A differenza di Bitcoin il cui algoritmo PoW si basa sulla funzione di hash SHA 256, Litecoin ricorre a un particolare algoritmo PoW denominato "Scrypt" che, almeno in teoria, doveva garantire una maggiore decentralizzazione. Scrypt, infatti, era stato inizialmente progettato per risultare ASIC (Application Specific Integrated Circuit) resistant, ovvero in grado di limitare il vantaggio computazionale offerto dai miner dedicati di potenti impianti basati su costose GPU (Graphics Processing Unit: schede video). Di conseguenza Litecoin si presentava come una criptovaluta minabile anche dai comuni utenti dotati di hardware meno performante, confidando nella capacità di calcolo pure di una normalissima CPU (i classici processori per computer).

Per una serie di questioni tecniche, prima tra tutte la complessità del puzzle crittografico, purtroppo tale scelta si rivelò non del tutto valida.

Come in Bitcoin, anche Litecoin per merito dell'halving dimezza la ricompensa dei miner ogni quattro anni. Sulla rete Litecoin viene generato un nuovo blocco ogni 2,5 minuti, mentre la quantità massima di LTC in circolazione è fissata a 84 milioni.

Il più piccolo sottomultiplo del Litecoin è il Litoshi ed equivale a 0,00000001 LTC. Nel 2022 la sua capitalizzazione di mercato ha superato abbondantemente i 4 miliardi di dollari.

| CRIPTOVALUTA | LITECOIN |
|---|---|
| Ticker | LTC |
| Simbolo | Ł |
| Creata da | Charlie Lee |
| Blockchain | Litecoin |
| Attivo dal | 2011 |
| Quantità massima di monete | 84 milioni |
| Tempo approvazione blocco | 2,5 minuti |
| Transazioni per blocco | 3000 |
| Unità minima | Litoshi (1/10^18 Litecoin) |
| Algoritmo di consenso | Proof of Work |

# Binance Coin

Binance Coin (BNB) è una criptovaluta lanciata nel 2017 come moneta di scambio da usare sul famoso exchange Binance.

Il suo valore al lancio era di pochi centesimi di dollaro ma, forte della fiducia che gli utenti tutt'oggi nutrono per la piattaforma, nel giro di pochi mesi il suo valore è aumentato del 2.000%, raggiungendo i 2 dollari. L'inarrestabile ascesa di Binance Coin è proseguita anche negli anni successivi, arrivando a toccare nel maggio 2021 i 670 dollari per moneta. Come per gran parte delle criptovalute, il 2022 ha segnato una sensibile flessione; tuttavia, a partire da maggio dello stesso anno, le oscillazioni si sono assestate poco al disotto dei 300 dollari.

L'utilizzo di Binance Coin risulta particolarmente vantaggioso per coloro che si affidano al suo exchange. Infatti, utilizzando il token BNB al posto della valuta fiat è possibile ottenere importanti sconti durante il pagamento delle commissioni di transazione.

Inizialmente il token BNB si appoggiava alla blockchain di Ethereum ma di recente si è trasferito sulla propria blockchain denominata "Binance Smart Chain" e basata sul particolare algoritmo PoSA (Proof of Staked Authority).

La sua capitalizzazione di mercato è pari a 50 miliardi di dollari con una fornitura massima di 200 milioni di token.

| CRIPTOVALUTA | BINANCE COIN |
|---|---|
| Ticker | BNB |
| Creata da | Binance |
| Blockchain | Binance Smart Chain |
| Attivo dal | 2017 |
| Quantità massima di monete | 200 milioni |
| Algoritmo di consenso | Proof of Staked Authority |

# Ripple

Ripple (XRP) è una criptovaluta che fa parte dell'ecosistema Ripple Labs, creato nel 2013 da Chris Larsen e Jed McCaleb. Sviluppato appositamente per banche e istituti finanziari, Ripple si pone la prerogativa di fornire un sistema di trasferimento fondi in tempo reale (real-time gross settlement).

Le banche connesse al suo network, RippleNet, possono ridurre drasticamente tempi e costi necessari per i pagamenti transfrontalieri, ovvero quelli disposti tra Stati membri diversi con valute diverse, rappresentando perciò una più valida alternativa al noto circuito Swift.

A differenza di quest'ultimo, che richiede anche diversi giorni per confermare un trasferimento, Ripple permette di concludere l'operazione in pochi minuti e con costi di transazione sensibilmente inferiori. Ciò è possibile grazie al suo particolare algoritmo di consenso RPCA (Ripple Protocol Consensus Algorithm) che, per validare una transazione, ricorre a dei gruppi di nodi preselezionati in quanto ritenuti affidabili dal network e indicati nella UNL (Unique Node List). Affinché una transazione venga ritenuta valida, e quindi registrata nel ledger, questa deve ottenere il consenso distribuito di almeno l'80% dei nodi. La sua architettura "privata" gli consente di essere estremamente rapida ed efficiente: RPCA può raggiungere, infatti, 1.500 TPS.

Tale sistema può già vantare importanti partnership tra cui Accenture, American Express, RBC, Santander, UBS, UniCredit, Westpac Banking Corporation e Standard Chartered Bank.

A differenza di altre criptovalute come Bitcoin, XRP non nasce come moneta transazionale. Non è stata sviluppata come riserva di valore, ma rappresenta piuttosto un gettone "tecnico" riservato alla ristretta cerchia di istituzioni che adoperano i suoi servizi. Tuttavia, essendo quotata sul mercato, nulla vieta a un comune utente di acquistarne una certa quantità come fonte di investimento.

Trattandosi di una moneta privata, creata e gestita da Ripple Labs, non è una soluzione decentralizzata e il suo valore, quindi, non è strettamente legato al rapporto domanda-offerta di mercato. Almeno relativamente, questo permette alla società che ne detiene il controllo di intervenire, per mitigarne la volatilità e l'inflazione.

Con una quantità massima di 100 miliardi di monete, Ripple rientra tra le criptovalute non minabili i cui token vengono generati nel momento della creazione del ledger.

La sua più piccola unità divisionale è chiamata "Drop" ("goccia") e corrisponde a un milionesimo di XRP.

Attualmente può vantare una capitalizzazione di mercato pari a 15 miliardi di dollari con un'offerta circolante che ha quasi raggiunto 50 miliardi di token.

| CRIPTOVALUTA | RIPPLE |
|---|---|
| Ticker | XRP |
| Creata da | Ripple Labs |
| DLT | XRP Ledger |
| Attivo dal | 2013 |
| Quantità massima di monete | 100 miliardi |
| Algoritmo di consenso | Ripple Protocol Consensus Algorithm |

# Stellar

Scaturita anch'essa dal genio di Jed McCaleb, possiamo definire Stellar (XLM) la sorella minore di Ripple. In origine, infatti, il progetto era basato sul protocollo sviluppato da Ripple Labs ma successivamente Stellar ha effettuato un fork e riscritto interamente il suo codice. A supervisionare il progetto, oltre a McCaleb, c'è la Stellar Development Foundation, fondazione no-profit fondata nel 2014 proprio per seguirne lo sviluppo. Stellar Lumens si contraddistingue per la sua velocità (circa 1.000 TPS) e le commissioni contenute.

L'obiettivo di questa moneta è quello di "rendere il denaro più fluido, i mercati più aperti, e le persone più indipendenti". In altre parole, si tratta di una blockchain studiata per velocizzare e rendere meno costose le transazioni di denaro in valute diverse, con un tangibile impatto sul mondo reale, soprattutto per quei paesi in cui l'accesso al sistema finanziario è compromesso.

Attraverso un complesso sistema di tokenizzazione, questa piattaforma consente di inviare un pagamento in valuta fiat da una parte all'altra del mondo. Alla base di tutto questo troviamo il token Lumen che è la criptovaluta di riferimento di questa blockchain.

Il network raggiunge il consenso distribuito attraverso un protocollo di concezione simile al DPoS, denominato "SCP" (Stellar Consensus Protocol) che consente alla rete di scalare in modo rapido ed efficiente rispetto alla maggior parte delle blockchain basate sul PoW. Grazie a particolari nodi detti "anchor" ("ancore"), SCP teoricamente permette anche di raggiungere una maggiore decentralizzazione. Si tratta di entità fidate che accettano depositi di valuta fiat tramite depositi bancari e inviano all'utente l'equivalente in token Lumen. D'altra parte, consentono ai possessori di quei token di riscattarli in campo di monete in valuta legale.

L'algoritmo dispone anche di un particolare sistema antispam per prevenire attacchi di tipo DOS (Denial of Service) che, prevedendo la distruzione di 0,0001 XML per ogni transazione effettuata, ne scoraggia quelle fittizie. Inoltre, per garantire che tutti gli account connessi alla rete siano autentici, Stellar richiede che questi dispongano di un minimo di 20 lumen.

Allo stato attuale, dei 50 miliardi di token XML generati, ne troviamo in circolazione circa 25 miliardi. Il fatto che quasi la metà dei token disponibili sia al momento controllata da un unico ente ha fatto sorgere in rete diversi dubbi sul reale stato decentralizzato del network.

| CRIPTOVALUTA | LUMEN |
|---|---|
| Ticker | XLM |
| Creata da | Stellar Development Foundation |
| Blockchain | Stellar |
| Attivo dal | 2014 |
| Quantità massima di monete | 50 miliardi |
| Algoritmo di consenso | Stellar Consensus Protocol |

# Tron

L'idea a fondamento di Tron (TRX) è quella di creare una piattaforma decentralizzata basata sulla condivisione di contenuti digitali e sull'intrattenimento.

Non a caso, una delle sue maggiori acquisizioni dalla sua fondazione è stata il servizio di condivisione di file BitTorrent avvenuta nel 2018.

Tron, quindi, si presenta come un sistema in cui i creatori di contenuti, grazie alla grande diffusione peer-to-peer possono connettersi direttamente al proprio pubblico senza ricorrere a intermediari.

A differenza della maggioranza delle blockchain in grado elaborare poche decine di transazioni al secondo, Tron sostiene che il suo network è in grado di sostenere ben 2.000 TPS in qualsiasi momento.

I token TRX non vengono minati: le nuove monete vengono generate tramite il protocollo TPoS (Trustless Proof of Stake) che è basato sul meccanismo di consenso DPoS, in cui le dimensioni delle transazioni, gli intervalli di blocco e i piani tariffari sono gestiti dai delegati eletti.

Il progetto è stato fondato nel 2017 da un'organizzazione no-profit con origine a Singapore, la Tron Foundation, capitanata da Justin Sun, premiato da "Forbes" Asia come uno dei migliori imprenditori under 30. Con una capitalizzazione di mercato pari a 7,5 miliardi di dollari e un'offerta circolante pari a 91 miliardi di TRX, Tron prevede una fornitura totale di poco più di 100 miliardi di token.

| CRIPTOVALUTA | TRONIX |
|---|---|
| Ticker | TRX |
| Creata da | Tron Foundation |
| Blockchain | Tron |
| Attivo dal | 2017 |
| Quantità massima di monete | 100 miliardi |
| Algoritmo di consenso | Delegated Proof of Stake |

# Monero

Creata nell'aprile 2014, Monero (XMR) è un progetto che si concentra sulla privacy delle transazioni. Il suo primo nome è stato "BitMonero" per poi divenire semplicemente "Monero" che in esperanto significa "moneta".

Monero si basa sul particolare protocollo CryptoNote, un sistema in grado di garantire un elevato livello di anonimato basato su due concetti fondamentali: gli indirizzi nascosti (Stealth Address) e le firme ad anello (Signature Circles).

Gli indirizzi nascosti rappresentano una soluzione che consente al mittente di generare un nuovo indirizzo pubblico per conto del destinatario. Ogni account dispone di una chiave di visualizzazione e di una chiave di spesa privata. La chiave di visualizzazione privata permette di visualizzare tutte le transazioni associate all'account, mentre la chiave di spesa privata, similmente a quanto avviene in Bitcoin, è necessaria per autorizzare i pagamenti.

Quella delle firme ad anello, invece, è una tecnica che rende impossibile identificare l'account che ha firmato la transazione con la propria chiave privata. Ogni volta che viene richiesta una transazione, il wallet di Monero forma un anello con le chiavi degli altri account del network. In tal modo diventa impossibile risalire all'account che ha firmato la transazione, cosa che la rende di fatto anonima.

A gennaio 2017, Monero ha introdotto un'ulteriore soluzione, la RingCT (Ring Confidential Transactions) che aggiunge un ulteriore livello di privacy andando a oscurare anche il valore delle transazioni.

Dal 30 novembre 2019 la blockchain ha cambiato l'algoritmo di mining passando da CryptoNight R a RandomX che garantisce la resistenza ai dispositivi ASIC. Basato come il predecessore sul PoW, RandomX consente a tutte le tipologie di processore di contribuire alla sicurezza di Monero.

Con un market cap che supera i 3 miliardi di dollari, Monero ha un'offerta circolante pari a circa 18 milioni di monete con un limite impostato a 18,4 milioni. In realtà non è possibile indicare con precisione una fornitura massima poiché, dopo questo punto, Monero continuerà a emettere 0,6 XMR per blocco all'infinito in un processo noto come "emissioni di coda", al fine di mantenere i miner incentivati ad alimentare la rete.

| CRIPTOVALUTA | MONERO |
| --- | --- |
| Ticker | XMR |
| Creata da | Nicolas van Saberhagen |
| Blockchain | Monero |
| Attivo dal | 2014 |
| Quantità massima di monete | ~ 18,4 milioni |
| Algoritmo di consenso | Proof of Work |

# Iota

Iota (IOTA) è una criptovaluta focalizzata a fornire una forma di micropagamenti sicuri tra i dispositivi nel contesto dell'Internet of Things. Il progetto, di natura open source, non ricorre al tradizionale concetto di ledger distribuito, ma organizza le informazioni riguardanti le transazioni in una struttura detta "Tangle". A differenza delle comuni blockchain, questa tecnologia si basa su un grafo aciclico diretto (DAG) che permette ai nodi di comunicare tra loro attraverso connessioni dirette.

L'architettura DAG non si basa sui classici blocchi concatenati tipici delle blockchain e ogni nodo per poter eseguire una transazione deve prima validare altre due transazioni scelte casualmente dal network.

Questo sistema, almeno in teoria, si dimostra infinitamente scalabile e senza limiti di throughput, in quanto per ogni nuova richiesta di transazione ne viene validato il doppio. Si tratta, inoltre, della prima criptovaluta senza costi di transazione, con la quale è possibile trasferire qualunque cifra senza che vengano richieste fee. Tutti i nodi del network, infatti, partecipano equamente e senza competizione alla validazione di tutte le transazioni in atto.

In totale esistono ben 2.779.530.283.277.761 IOTA in circolazione (quasi 3 biliardi di monete!), già tutti distribuiti.

La continua necessità di micropagamenti tipici dell'Internet delle cose giustifica un così elevato numero di monete emesse. Anche per tale motivo, comunemente vengono acquistate in pacchetti da 1 milione di IOTA, indicati in MIOTA (Mega IOTA).

La Fondazione Iota è nata nel 2015 in Germania come una società senza scopo di lucro che coordina e finanzia gli sviluppi di Iota. A partire dal novembre 2017, la fondazione ha destinato 100 milioni di dollari per promuoverne e sviluppare il progetto.

Iota collabora attualmente con diverse importanti aziende del calibro di Microsoft, Cisco, Foxconn, Ubuntu e Bosch.

| CRIPTOVALUTA | IOTA |
|---|---|
| Ticker | MIOTA |
| Creata da | IOTA Foundation |
| DLT | Tangle |
| Attivo dal | 2016 |
| Quantità massima di monete | ~ 2,7 biliardi |
| Algoritmo di consenso | Fast Probabilistic Consensus |

# Smart contract platforms

La prima generazione di blockchain come Bitcoin venivano sfruttate esclusivamente come un mezzo decentralizzato per effettuare transazioni di criptovalute.

Ethereum, con l'introduzione dei contratti intelligenti, è stata il precursore di una serie di soluzioni analoghe che comunemente vengono considerate blockchain di seconda generazione. Si tratta di piattaforme pensate appositamente per l'elaborazione di smart contract e DApp, oltre che allo scambio di criptoasset.

A oggi, tra le più accreditate ed evolute troviamo Neo, Eos e Cardano.

## Neo

Similmente a Ethereum, la piattaforma Neo (NEO) consente di creare smart contract e sviluppare applicazioni decentralizzate.

Secondo il suo white paper, gli obiettivi di progettazione di Neo sono quelli di rendere qualsiasi risorsa, digitale o fisica, accessibile da esseri umani e programmi con fiducia e autorizzazione ridotti al minimo.

Nato nel 2014 con il nome di "Antshares" per opera dei programmatori Da Hongfei ed Erik Zhang, due tra i tecnici più rinomati nel settore crittografico cinese, il progetto venne poi rinominato "Neo" due anni più avanti, contemporaneamente a un importante incontro con Microsoft che gettò le fondamenta per una fruttuosa collaborazione. Neo, infatti, è la prima blockchain a diventare membro ufficiale della Net Foundation, nata in Microsoft per migliorare lo sviluppo di software open source e la collaborazione attorno al suo framework.

Neo punta a offrire una codifica degli smart contract più semplice e accessibile grazie al supporto a una serie di linguaggi di programmazione popolari come C++, Python o Java. Ciò lo differenzia profondamente da Ethereum che utilizza solo il linguaggio di programmazione Solidity. In questo modo, la blockchain cinese si prefigge di attirare più sviluppatori, proprio perché più aperta a svariati strumenti di lavoro. Il network si basa su un algoritmo di consenso di tipo DBFT (abbiamo già approfondito l'argomento nel capitolo Algoritmi di consenso) e dispone di due diverse tipologie di token nativi: NEO e NeoGas (GAS).

NEO è il token di pagamento che attribuisce i diritti di gestione della rete come il diritto di voto per gli aggiornamenti chiave. Poiché Neo utilizza un modello di criptovaluta orientato al business, i token NEO possono essere paragonati ai titoli azionari di una società. Questi, pertanto, sono indivisibili e consentono a chi li detiene di guadagnare dividendi sotto forma di GAS.

GAS, invece, è l'utility token per pagare le operazioni eseguibili sulla piattaforma, come la creazione di un contratto intelligente.
Inoltre, ogni token NEO genera 1 GAS ogni ventidue anni. Il sistema prevede un numero massimo di token GAS pari a 100 milioni, cifra che secondo i calcoli verrà raggiunta nel 2038.
Con una capitalizzazione di mercato pari a 800 milioni di dollari, Neo dispone di fornitura massima pari a 100 milioni di monete di cui circa 70 in circolazione. Una fetta di queste è stata distribuita durante la ICO iniziale avvenuta nel 2016 mentre il consiglio della blockchain ne gestisce i restanti 50 milioni. Le criptomonete NEO non vengono minate, quindi, ma piuttosto acquistate come stake utili per partecipare all'algoritmo di consenso.

| CRIPTOVALUTA | NEO |
|---|---|
| Ticker | NEO |
| Creata da | Da Hongfei e Erik Zhang |
| Blockchain | NEO |
| Attivo dal | 2014 |
| Quantità massima di monete | 100 milioni |
| Algoritmo di consenso | Delegated Byzantine Fault Tolerance |

# Eos

Eos (EOS) è una piattaforma blockchain sviluppata da Block One, società guidata da Daniel Larimer, già co-fondatore di Bitshares e Steemit, e da Brendan Bloomer, un team che vanta una concreta esperienza nel mondo crittografico e da sempre attivo nel promuovere le nuove tecnologie da esso scaturite.

L'ambizioso fine a cui aspira Eos è quello di riuscire a inglobare le migliori caratteristiche delle varie soluzioni in ambito smart contract (come l'elevata sicurezza di Bitcoin e la versatilità di Ethereum) in un'unica piattaforma, tecnicamente alla portata di tutti e scalabile nelle prestazioni. Sebbene si tratti di un dato non ancora documentato, secondo i suoi ideatori la piattaforma risulta già pronta a gestire milioni di transazioni al secondo.

Uno degli obiettivi principali del progetto è quello offrire agli sviluppatori un'elevata semplificazione nello sviluppo di DApp, attraverso un insieme di servizi e funzioni che il suo sistema operativo Eos.IO include nativamente.

Tra queste troviamo un singolare sistema di recupero degli account rubati che, attraverso diversi livelli di autenticazione, consente di dimostrare univocamente la propria identità. Inoltre, tra le caratteristiche chiave del sistema operativo troviamo una serie di soluzioni server. Queste permettono agli sviluppatori di creare applicazioni e interfacce web attraverso servizi decentralizzati di hosting, cloud storage ed elevata larghezza di banda usufruendo della notevole potenza del network.

I token EOS rappresentano la criptovaluta della rete. Questi permettono al possessore di rivendicare le corrispettive risorse sul network, le quali, se inutilizzate, possono essere affittate ad altri utenti.

Le monete EOS non vengono minate, ma generate attraverso il protocollo di consenso distribuito DPoS sviluppato per ottimizzare le prestazioni del network con l'aumentare delle transazioni. Come abbiamo già approfondito, in questa tipologia di sistema la comunità vota per i nodi testimoni, i quali sono responsabili della verifica delle transazioni. Nello specifico, in Eos vengono eletti 21 testimoni, anche detti "block producers". Questo limite ha generato sul web diverse critiche riguardo l'effettiva decentralizzazione del network. Si tratta per lo più di polemiche scontate, in quanto come ben insegna il trilemma della scalabilità, non è possibile dispensare nel contempo prestazioni, sicurezza e decentralizzazione. A differenza di Ethereum, Eos ha deliberatamente scelto di dare priorità alle prestazioni.

I nodi che generano i blocchi Eos ottengono nuove monete come ricompensa. L'importo delle monete prodotte è determinato dal valore medio che i produttori di blocchi richiedono per completare il loro lavoro. Per mitigare l'inflazione, esistono delle protezioni che impediscono che l'offerta cresca di otre il 5% annuo.

Con una serie di vendite durata circa un anno, a partire da giugno 2017 sono stati distribuiti 1 miliardo di token EOS.

Va sottolineato che in origine Eos non aveva una propria blockchain ma sfruttava quella di Ethereum. Successivamente i token sono stati convertiti e spostati dagli investitori attraverso un'apposita funzione denominata "teletrasporto".

Con un'offerta circolante superiore a 990 milioni di token, Eos conta un market cap di oltre 1 miliardo di dollari.

| CRIPTOVALUTA | EOS |
|---|---|
| Ticker | EOS |
| Creata da | Daniel Larimer |
| Blockchain | EOS |
| Attivo dal | 2018 |
| Quantità massima di monete | 1 miliardo + 5% annui |
| Algoritmo di consenso | Delegated Proof of Stake |

# Cardano

Lanciata nel 2017, Cardano è la blockchain decentralizzata che emette il token ADA. Il progetto è stato avviato nel 2015 dopo che il suo fondatore, Charles Hoskinson, è stato rimosso dal team dei fondatori di Ethereum per alcune divergenze di opinioni con Vitalik Buterin.

Hoskinson ha elaborato una blockchain di terza generazione, ovvero concentrata sulla scalabilità e l'interoperabilità tra criptovalute.

Grazie al nuovo protocollo sviluppato da Aggelos Kiayias, Andrew Miller e Dionysis Zindros – denominato in loro onore "KMZ sidechains", Cardano ha realizzato un bridge ("ponte") tra blockchain diverse che permette di effettuare trasferimenti tra monete differenti.

In pratica, con questo sistema i token ADA possono essere trasferiti su blockchain differenti attraverso lo stesso protocollo, consentendo al tempo stesso anche la conversione tra criptovalute senza ricorrere a servizi intermediari.

Nonostante tutto, Cardano ed Ethereum continuano ad avere molti punti in comune. Entrambe, infatti, si concentrano sull'utilizzo di smart contract e la creazione di applicazioni decentralizzate. Tuttavia, rispetto al suo predecessore, Cardano presenta sostanziali differenze per quanto riguarda il design dell'infrastruttura e gli obiettivi finali.

A differenza degli ETH che contano su una fornitura potenzialmente illimitata, gli ADA attualmente in circolazione sono circa 34 miliardi e per gestire la loro inflazione si ricorre al concetto di scarsità con un limite massimo di 45 miliardi.

Mentre Ethereum riesce a elaborare circa 15 TPS, Cardano vanta un throughput che supera le 250 operazioni.

Un'ultima differenza riguarda le commissioni. Se da un lato i costi delle transazioni Ethereum sono legati allo stato di congestione della rete, le commissioni di Cardano risultano sensibilmente più basse in quanto proporzionali al valore del token ADA.

Cardano si basa sul protocollo di consenso Ouroboros, una particolare forma di PoS che aggiunge blocco nella catena ogni 20 secondi. Si tratta del primo protocollo PoS dimostrabilmente sicuro e il primo protocollo blockchain basato su ricerche peer-reviewed, cioè approvato in seguito a una serie di controlli e ricerche scientificamente confermate.

Ecco perché tale protocollo è in grado di garantire la sicurezza e la sostenibilità di qualsiasi blockchain che lo implementa.

| CRIPTOVALUTA | CARDANO |
|---|---|
| Ticker | ADA |
| Creata da | Charles Hoskinson |
| Blockchain | Cardano |
| Attivo dal | 2017 |
| Quantità massima di monete | 45 miliardi |
| Algoritmo di consenso | Ouroboros PoS |

## Solana

Solana (SOL) è una piattaforma open source progettata per agevolare la creazione di applicazioni decentralizzate, compatibile con diversi linguaggi di programmazione quali C, C++ e Rust.

Sebbene il suo sviluppo sia iniziato nel 2017, il progetto è stato lanciato ufficialmente dalla Fondazione Solana con sede a Ginevra, in Svizzera, solo nel marzo 2020.

Tra i principali obiettivi della fondazione, troviamo quello di rendere la finanza decentralizzata accessibile su scala più ampia.

In un articolo di "Bloomberg" del 2021, la blockchain di Solana è stata considerata come un potenziale rivale a lungo termine per Ethereum[4]. Come Ethereum, infatti, Solana può interagire con contratti intelligenti.

La governance della blockchain è garantita dal Tower BFT (Tower Byzantine Fault Tolerance), un algoritmo di consenso ibrido che combina la scalabilità del PoS con la sicurezza e la velocità offerta dal PoH.

Attraverso questa soluzione, Solana può verosimilmente gestire fino a 50.000 TPS senza compromettere la sua decentralizzazione.

Tuttavia, il 14 settembre 2021, la blockchain di Solana è andata offline dopo che un'imprevista ondata di transazioni ha causato un'errata sincronizzazione tra i nodi del network con la conseguente separazione in più fork temporanei. La rete è stata ripristinata con successo il giorno successivo, dopo un down durato 17 ore.

Grazie alla possibilità di rilasciare token, recentemente Solana ha dimostrato un'ottima attitudine anche nel settore del gaming, nel quale è crescente l'esigenza di rimarcare l'esclusività di oggetti virtuali come skin e badge. A riprova di questo, nel novembre 2021, Solana Ventures ha collaborato con FTX e Lightspeed Ventures per formare un fondo da 100 milioni di dollari da investire in startup focalizzate in giochi orientanti al web 3.0 basati su Solana e altre blockchain.

Oltre a questo, nel dicembre dello stesso anno, Solana Ventures ha annunciato un'altra collaborazione con due importanti aziende del settore del gaming quali Forte e Griffin Gaming Partners, ottenendo un ulteriore

---

[4] Cfr. J. Ossinger, Ethereum Rival Solana Climbs to Seventh in Crypto Top 10, https://www.bloomberg.com/news/articles/2021-09-06/token-of-ethereum-rival-solana-jumps-to-seventh-in-crypto-top-10

investimento di ben 150 milioni di dollari per lo sviluppo di videogiochi in grado di sfruttare le potenzialità della blockchain[5].

Con una fornitura totale di 500 milioni di monete, SOL è la criptovaluta nativa di Solana. Di queste, il 36,2% è stato venduto a investitori privati in quattro round di vendite, il 12,8% è stato assegnato al team di Solana e il 10,4% è stato assegnato alla Fondazione Solana, un'organizzazione no-profit dedita alla promozione e alla diffusione delle tecnologie blockchain. Il restante 39% è destinato, invece, come ricompensa per i nodi validatori.

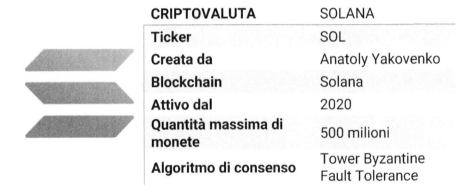

| CRIPTOVALUTA | SOLANA |
|---|---|
| Ticker | SOL |
| Creata da | Anatoly Yakovenko |
| Blockchain | Solana |
| Attivo dal | 2020 |
| Quantità massima di monete | 500 milioni |
| Algoritmo di consenso | Tower Byzantine Fault Tolerance |

## Polygon

Polygon è una blockchain di secondo livello basata su Ethereum, nata nel 2017 con il nome di "Matic" per opera Jaynti Kanani, Sandeep Nailwal e Anurag Arjun, tre imprenditori indiani che si posero l'obiettivo di superare i problemi relativi alla scalabilità e agli elevati costi di Gas fee. L'idea nacque in seguito alla congestione subita da Ethereum a causa dal

---

[5] Cfr. https://venturebeat.com/2021/12/14/solana-ventures-forte-and-griffin-gaming-will-invest-150m-in-blockchain-games

lancio CryptoKitties, un famoso gioco basato su NFT (approfondiremo l'argomento nei capitoli successivi).

Il progetto venne lanciato ufficialmente nel 2019 con il nome di "Matic" attraverso una IEO (Initial Exchange Offering), una raccolta fondi iniziale nata sul famoso servizio di exchange Binance. Inizialmente, il progetto ricorreva alle cosiddette "sidechain", una sorta di blockchain parallele utili per ridurre i costi di transazione.

A partire dal 9 febbraio 2021 il progetto subì un rebranding diventando Polygon Matic, ma il termine "Matic" viene ancora oggi utilizzato in riferimento al suo token nativo che funge da criptovaluta della piattaforma.

Matic, quindi, rappresenta il token su cui si basa l'algoritmo PoS della blockchain, messo in staking dai nodi validatori in cambio di una ricompensa.

Inoltre, il token funge anche da Gas utile per pagare le commissioni di esecuzione degli smart contract del network.

Negli ultimi tempi Polygon ha subito un'importante evoluzione diventando un vero e proprio framework per applicazioni decentralizzate, ovvero una piattaforma in grado di aiutare gli sviluppatori a realizzare DApp perfettamente compatibili con Ethereum in maniera più facile e veloce.

Al fine di dar vita a un Internet of Blockchains, inoltre, Polygon fornisce un protocollo di interoperabilità che funge da ponte tra diverse blockchain e reti basate su Ethereum.

Polygon Matic presenta una capitalizzazione di mercato pari a 3 miliardi di dollari, con un'offerta circolante di circa 8 miliardi di Matic per una fornitura massima di 10 miliardi di token.

| CRIPTOVALUTA | MATIC |
|---|---|
| Ticker | MATIC |
| Creata da | Jaynti Kanani, Sandeep Nailwal, Anurag Arjun e Mihailo Bjelic |
| Blockchain | Ethereum (Polygon layer 2) |
| Attivo dal | 2019 |
| Quantità massima di monete | 10 miliardi |
| Algoritmo di consenso | Proof of Stake |

# Decentralized computing

Le potenzialità delle blockchain e l'interazione decentralizzata delle reti peer-to-peer stanno aprendo a nuove frontiere per l'elaborazione decentralizzata. Molte delle caratteristiche del cloud computing stanno evolvendosi in soluzioni di decentralized computing.

Che si tratti di condivisione della potenza computazionale o dello storage di elevate quantità di dati, le moderne soluzioni decentralizzate, oltre a offrire tutti i noti benefici insiti della tecnologia, garantiscono prestazioni elevatissime con costi decisamente concorrenziali.

## Internet Computer

L'Internet Computer (ICP) è la prima blockchain al mondo che funziona alla velocità del web con una capacità potenzialmente illimitata. L'idea è stata concepita nel 2015 da Dominic Williams e ha fin da subito attirato il notevole interesse delle community inerenti alle criptovalute. Insieme a

Bitcoin ed Ethereum, Internet Computer rappresenta probabilmente la terza più importante blockchain per innovazione. Si tratta di un computer decentralizzato in grado di scalare il calcolo e i dati degli smart contract, di eseguirli a elevate velocità, di elaborare e archiviare i dati in modo efficiente e di fornire potenti framework software agli sviluppatori.

L'infinità di servizi offerti dalla rete globale di Internet viene attualmente eseguita da una serie di infrastrutture private. La concreta svolta a cui ambisce Internet Computer è quella di decentralizzarle. Tutto questo è possibile grazie alla Chain Key Technology, una soluzione all'avanguardia basata su un insieme di protocolli crittografici che le consente di avere un'unica chiave pubblica. È qui che risiede la vera differenza di questo network che, al contrario delle blockchain tradizionali, consente a qualsiasi dispositivo connesso di verificare l'autenticità dei dati.

Tra i suoi più noti servizi decentralizzati troviamo la soluzione di web hosting Fleek, il social network DSCVR, il sistema di messaggistica OpenChat e il sistema di autenticazione Internet Identity.

Gli ICP sono gli utility token nativi di Internet Computer e svolgono tre ruoli chiave nella rete:

- facilitare la governance della rete: i token ICP possono essere bloccati per creare neuroni che partecipano alla governance della rete votando, attraverso i quali possono guadagnare ricompense;
- elaborare cicli di calcolo: ICP fornisce una riserva di valore che può essere convertita in cicli di calcolo; in pratica, la potenza di calcolo è utilizzata come un combustibile che viene bruciato quando viene utilizzato;
- ricompensare i partecipanti: la rete invia token ICP per premiare e incentivare coloro che giocano ruoli importanti per il suo funzionamento.

A coordinare il progetto troviamo la fondazione no-profit Dfinity, la quale è riuscita a raccogliere un totale di 121 milioni di dollari da collaboratori come Andreessen Horowitz, Polychain Capital, SV Angel, Aspect Ventures, Electric Capital, ZeroEx, Scalar Capital, Multicoin Capital e molti importanti sostenitori di Ethereum. Nel 2018, oltre 50.000 partecipanti al registro hanno ricevuto i token di utilità ICP in un airdrop. Il 18 dicembre 2020, Dfinity ha lanciato la mainnet alfa di Internet Computer e, in un ultimo passaggio verso la decentralizzazione, il 10 maggio 2021 il network di Internet Computer è diventato di dominio pubblico.

| CRIPTOVALUTA | ICP |
|---|---|
| Ticker | ICP |
| Creata da | DFINITY Foundation |
| Blockchain | Internet Computer |
| Attivo dal | 2019 |
| Quantità massima di monete | Illimitate |
| Algoritmo di consenso | Threshold Relay PoS |

## Golem

Avviato ufficialmente nell'aprile 2018, Golem (GLM) è un network decentralizzato basato sulla blockchain di Ethereum, che consente agli utenti di condividere la potenza di calcolo dei propri dispostivi con tutti coloro che ne fanno richiesta.

Per acquistare la potenza computazionale utile per le loro esigenze, i "richiedenti" impostano un'offerta massima in token GLM. Di conseguenza, i "fornitori" di risorse computazionali vengono equamente ricompensati in GLM in base alla capacità di calcolo che hanno concesso in noleggio. Dopo aver introdotto il progetto alla DevCon 0 del 2014 (nota conferenza degli sviluppatori Ethereum), il team lavorò instancabilmente allo sviluppo della rete Golem, lanciando un evento pubblico di crowdfunding nel novembre 2016.

L'offerta iniziale di token raggiunse il tetto massimo in meno di mezz'ora con ben 1 miliardo di GNT (token inizialmente usato dal network) creati e distribuiti. L'82% di GNT venne distribuito tra i partecipanti alla vendita, il 12% alla società operativa e solo il 6% ai fondatori di Golem. Il 19 novembre 2020, inoltre, si avviò la migrazione dal token GNT all'attuale GLM. Ancora oggi, tutto coloro in possesso dei vecchi token GNT possono migrare ai nuovi token GLM con un tasso di conversione 1:1. Con una capitalizzazione di mercato di oltre 300 milioni di dollari, Golem prevede una fornitura massima di 1 miliardo di GLM.

| CRIPTOVALUTA | GOLEM |
|---|---|
| Ticker | GLM |
| Creata da | Golem Foundation |
| Blockchain | Ethereum |
| Attivo dal | 2018 |
| Quantità massima di monete | 1 miliardo |

## Filecoin

Filecoin (FIL) è stata fondata dall'informatico statunitense Juan Benet, il quale sviluppò l'Interplanetary File System, il sistema che è alla base del progetto e che consente agli utenti del network di affittare lo spazio inutilizzato del proprio disco rigido in cambio di una ricompensa elargita in token FIL.

Si tratta di un network che ha l'obiettivo fornire un servizio di archiviazione dati decentralizzato. A differenza delle note società di cloud storage come Amazon Web Services o Cloudflare, che sono soggette ai problemi di centralizzazione, Filecoin sfrutta la sua natura decentralizzata per proteggere l'integrità dei dati, rendendoli facilmente recuperabili e allo stesso tempo difficili da censurare.

Il progetto è stato lanciato nell'agosto 2017 e ha raccolto oltre 200 milioni di dollari in soli 30 minuti. Nell'aprile 2021 la Filecoin Foundation ha donato 50.000 FIL per un valore di 10 milioni di dollari a Internet Archive, la famosa biblioteca digitale no-profit che ha lo scopo di consentire un "accesso universale alla conoscenza". In seguito, il fondatore di Internet Archive, Brewster Kahle, e il direttore delle partnership, Wendy Hanamura, si sono uniti ai consigli di amministrazione di Filecoin e della Filecoin Foundation for the Decentralized Web.

A febbraio 2022 la capacità di storage del network ha raggiunto i 15,6 exbibyte (oltre 15 milioni di terabyte) con totale di quasi 40 pebibyte (circa 40.000 terabyte) di file archiviati.

| CRIPTOVALUTA | FILECOIN |
|---|---|
| Ticker | FIL |
| Simbolo | ƒ |
| Creata da | Juan Benet |
| Blockchain | Filecoin |
| Attivo dal | 2017 |
| Quantità massima di monete | 2 miliardi |
| Algoritmo di consenso | Proof of Replication / Proof of Spacetime |

## Stablecoin

Le stablecoin sono criptovalute il cui valore è legato a quello di un asset di riserva stabile, come una valuta fiat nazionale (ossia, valute in corso legale senza valore intrinseco come l'euro o il dollaro) oppure materie prime come l'oro.

Com'è facilmente deducibile, il termine "stablecoin" significa non a caso "moneta stabile", vale a dire il cui valore, privo di importanti oscillazioni, non è volatile.

Mentre le classiche criptovalute come BTC ed ETH presentano un costo che varia quotidianamente in maniera più o meno significativa, le stablecoin mantengono per definizione un valore costante nel tempo, che equivale a quello del loro asset sottostante. In realtà, tecnicamente anche il loro valore può variare benché in maniera decisamente ridotta e maggiormente prevedibile.

Un'altra caratteristica tipica delle stablecoin risiede nel fatto che, essendo emesse da società private che ne garantiscono la controparte in valuta fiat, non possono definirsi totalmente decentralizzate.

Le più importanti stablecoin sono token che rappresentano il dollaro, e la più famosa tra queste è sicuramente l'USDT.

Di norma, a 1 USDT corrisponde esattamente il valore di 1 dollaro americano.

# 1 USD₮ = 1 USD

**Figura 6.2** – Rapporto tra Tether e Dollaro statunitense.

Rispetto alle valute tradizionali, i vantaggi che possono offrire le criptovalute di questa tipologia sono svariati.

Innanzitutto, consentono di effettuare transazioni online anonime o pseudo-anonime, una caratteristica impossibile da ottenere con i pagamenti digitali in valuta fiat.

In secondo luogo, come per tutte le altre criptovalute, queste godono della cosiddetta "incensurabilità" delle transazioni. Non è possibile, quindi, che un ente centrale possa rifiutare o limitare in qualche modo un trasferimento di stablecoin.

Un ulteriore vantaggio risiede nei costi di cambio con altre criptovalute. Talvolta, infatti, nonostante il sottostante in valuta fiat, potrebbe risultare più vantaggioso acquistare determinati criptoasset ricorrendo ai propri fondi in stablecoin.

**DEFINIZIONE** Le stablecoin sono valute digitali il cui valore è ancorato ad altri asset stabili come il dollaro statunitense o l'oro. Queste sono progettate per minimizzare la volatilità tipica delle comuni criptovalute, senza tuttavia rinunciare ad alcuni vantaggi come l'anonimato, l'incensurabilità e la programmabilità dei token.

## Tether

Tether (USDT) è una stablecoin emessa dall'omonima società ed è tra le prime cinque più grandi per capitalizzazione di mercato. Il suo valore è in rapporto 1:1 con quello del dollaro americano. Questo significa, come già detto, che 1 USDT avrà sempre il valore di 1 dollaro.

Nasce nel 2014 da un'idea di J. R. Willett (noto nel mondo delle criptovalute come "l'uomo che ha creato le ICO") e, attraverso un particolare protocollo denominato "Omni Layer", permette di creare e scambiare asset digitali utilizzando la blockchain di Bitcoin.

La Tether LTD che la emette e lavora in partnership con la nota piattaforma di trading Bitfinex garantisce che a ogni USDT in circolazione corrisponde un corrispettivo dollaro in determinati conti bancari. Per tale motivo, non esiste un numero massimo di token i quali possono essere creati su richiesta (ad esempio, in caso di inflazione). Nel 2017 sono sorti diversi dubbi in merito alla reale esistenza di un collaterale in dollari, una questione che resta tutt'oggi poco chiara[6].

Si tratta comunque di una criptovaluta che gioca un ruolo fondamentale negli acquisti di BTC: più di due terzi di tutte le operazioni quotidiane sono effettuate in USDT.

| CRIPTOVALUTA | TETHER |
| --- | --- |
| Ticker | USDT |
| Simbolo | ₮ |
| Creata da | Tether Limited Inc. |
| Blockchain | Ethereum |
| Attivo dal | 2014 |

## USD Coin

USD Coin (USDC) è una stablecoin ancorata al dollaro gestita da Centre, un consorzio fondato da Circle che include membri dell'exchange di

---

criptovalute Coinbase e Bitman, importante società che opera nel settore del mining di Bitcoin.

Circle afferma che ogni USDC è garantito da 1 dollaro tenuto in riserva o da altri "investimenti approvati", sebbene questi non siano spiegati nel dettaglio.

La tokenizzazione del dollaro USA in USDC avviene in un processo che conta tre fasi:

— un utente invia dollari USA al conto bancario dell'emittente di monete;

— l'emittente utilizza uno smart contract USD Coin per creare l'importo equivalente di USDC;

— le monete in USDC appena coniate vengono inviate all'utente e i dollari USA sostituiti vengono tenuti in una riserva.

Lo stesso processo eseguito al contrario permette di riscattare gli USDC equivalenti.

Le riserve USDC sono regolarmente attestate (ma non verificate) da Grant Thornton LLP, una tra le più grandi organizzazioni di contabilità e consulenza degli Stati Uniti. Tali dichiarazioni sono aggiornate mensilmente e possono essere verificate sul sito web del Center Consortium.

Sebbene l'USDT sia decisamente più diffuso e adottato, l'USDC è generalmente considerato l'alternativa più sicura tra le monete stabili centralizzate con ancoraggio al dollaro grazie alla maggiore trasparenza, alla maggiore interoperabilità e alla migliore infrastruttura giuridica.

| CRIPTOVALUTA | USD COIN |
|---|---|
| Ticker | USDC |
| Creata da | Centre Consortium LLC |
| Blockchain | Ethereum |
| Attivo dal | 2018 |

## Binance USD

Approvata e regolamentata dal Dipartimento dei Servizi finanziari dello Stato di New York, Binasce USD (BUSD) è una criptomoneta emessa in collaborazione con Paxos. Lanciata il 5 settembre 2019, è anch'essa garantita 1:1 con il dollaro USA e il rapporto di audit mensile può essere visualizzato sul sito ufficiale di Paxos (https://paxos.com/attestations).

Questa stablecoin è supportata da token sia ERC-20 che BEP-2 e permette di effettuare rapide transazioni con costi minimi.

Inoltre, Binance e Paxos non applicano commissioni per l'acquisto o il riscatto di BUSD, rendendola una soluzione estremamente conveniente.

| CRIPTOVALUTA | BINANCE USD |
|---|---|
| Ticker | BUSD |
| Creata da | Binance / Paxos |
| Blockchain | Ethereum |
| Attivo dal | 2019 |

## Dai

Dai (DAI) è una stablecoin basata sulla blockchain di Ethereum. Attraverso un sistema di smart contract che opera funzioni di manutenzione e governance, DAI riesce a mantenere il suo valore il più vicino possibile a un dollaro statunitense.

Secondo Rune Christensen, co-fondatore di MakerDAO, il nome della criptovaluta si basa su un ideogramma cinese il cui significato si tradurrebbe con "dare in prestito".

La sua particolarità risiede nella totale decentralizzazione, cosa piuttosto rara nelle criptovalute che necessitano di un corrispettivo in dollari.

Contrariamente alle altre note stablecoin, DAI non viene gestita da un'azienda privata ma da una DAO (Decentralized Autonomous Organization), un'organizzazione autonoma e decentralizzata che opera tramite un protocollo software. Questo garantisce che i token emessi vengano gestiti e registrati pubblicamente attraverso smart contract Ethereum, fornendo così un sistema più sicuro e trasparente.

Alle sue spalle troviamo MakerDAO, un'organizzazione decentralizzata formata dai proprietari del suo token di governance, Maker (MKR), attraverso il quale possono votare sulle modifiche a determinati parametri nei suoi contratti intelligenti al fine di garantire la stabilità di Dai.

Questa organizzazione è gestita democraticamente dai detentori dei suoi token MKR, che agiscono in modo simile alle azioni di una società tradizionale. I titolari di MKR possono votare gli sviluppi per l'evoluzione della piattaforma, il tutto con un peso decisionale proporzionale alla quantità di token che possiedono.

| CRIPTOVALUTA | DAI |
|---|---|
| Ticker | DAI |
| Creata da | Maker Foundation |
| Blockchain | Ethereum |
| Attivo dal | 2017 |

# Memecoin

Le memecoin sono criptovalute che si ispirano ai meme presenti sul web. Essendo prive di un serio e solido progetto alle spalle, tendono a essere altamente volatili.

Di solito nascono per scherzo, guidate da folte community online. Grazie all'hype che possono generare sui social, sulla vitalità del momento e la FoMO (Fear of Missing Out, "paura di perdere l'occasione") degli investitori, possono incrementare di valore in tempi estremamente rapidi ma, in maniera altrettanto veloce esiste il serio rischio che il loro prezzo crolli del tutto inaspettatamente.

**DEFINIZIONE** Le memecoin rappresentano una tipologia di criptovaluta senza alcun serio progetto alle spalle, nate per scopi per lo più goliardici e ispirate a famosi meme del web.

Tra le più note troviamo Dogecoin, Shiba Inu e Dogelon Mars.

## Dogecoin

Dogecoin (DOGE) è una criptovaluta creata nel 2013 dagli ingegneri Billy Markus e Jackson Palmer. Il progetto, nato per scherzo, si proponeva di realizzare un sistema di pagamento che prendesse in giro la selvaggia speculazione che affligge il mondo delle criptovalute.

Con l'aiuto di una folta comunità su Reddit, il successo fu immediato. In sole due settimane, Dogecoin creò un blog e un forum ufficiali e il suo valore di mercato raggiunse gli 8 milioni di dollari.

Il suo logo raffigura la testa del cane di razza Shiba Inu del famoso meme "doge"[7] da cui prende il nome anche il codice della valuta. Oltre a essere a tutti gli effetti la prima moneta nata da un meme, rappresenta pure la prima di una vasta collezione di "dog coin", ovvero criptomonete aventi come propria mascotte un cane.

---

[7] Cfr. https://en.wikipedia.org/wiki/Doge_(meme)

Nonostante la sua natura satirica, in molti la considerano una prospettiva di investimento più che plausibile. La sua crescita costante ha superato i 50 miliardi di dollari nell'aprile 2021, entrando così nella top 5 delle criptovalute con maggior capitale.

L'apice della notorietà risale all'inverno del 2022 quando Elon Musk dichiarò sul suo profilo Twitter che avrebbe mangiato un Happy Meal di McDonald's in diretta TV se avessero iniziato ad accettare Dogecoin come metodo di pagamento[8].

Sul versante tecnico, Dogecoin rappresenta una delle poche memecoin ad avere una propria blockchain. Basata sul codice sorgente di Litecoin, ricorre anch'essa all'uso dell'algoritmo PoW per la validazione dei blocchi. Tuttavia, minare DOGE rispetto a LTC è fino a due volte e mezzo più veloce, cosa che si traduce in tempi di transazione decisamente inferiori.

Famosa per aver avviato diverse raccolte fondi per scopi benefici, nella stagione 2021-22 compare tra gli sponsor sulla maglia Watford, noto club inglese che compete nella Premier League.

| CRIPTOVALUTA | DOGECOIN |
|---|---|
| Ticker | DOGE |
| Creata da | Billy Markus e Jackson Palmer |
| Blockchain | Dogecoin |
| Attivo dal | 2013 |
| Quantità massima di monete | Illimitata |
| Algoritmo di consenso | Proof of Work |

---

[8] Cfr. https://twitter.com/elonmusk/status/1485953263040188416

## Shiba Inu

Shiba Inu (SHIB) è una memecoin nata nell'agosto 2020 per opera dell'anonimo creatore noto con lo pseudonimo di Ryoshi. Il nome "Shiba Inu" deriva da una razza canina giapponese originaria della regione di Chūbu che, guarda caso, è la stessa del cane raffigurato nel logo di Dogecoin.

Sul sito ufficiale, infatti, Shiba Inu si autodefinisce come il "killer di Dogecoin" con il chiaro obiettivo di detronizzarlo dalla sua posizione di memecoin più popolare.

In tempi incredibilmente rapidi e a prescindere dagli aspetti economici, Ryoshi è riuscito ad attirare una fervente community di sostenitori del progetto.

Il suo "woof paper" (divertente parafrasi di "white paper") sostiene:

> Crediamo che attraverso il potere del decentramento collettivo possiamo costruire qualcosa di più forte di quanto un team centralizzato possa mai creare. Un token gestito dalla comunità non è nulla senza gli individui uniti che gli danno uno scopo[9].

Basato sulla blockchain di Ethereum, Shiba Inu è più specificatamente un meme token, quindi privo di un proprio ledger.

Questa soluzione permette a Shiba Inu di supportare gli smart contract e gli NFT, rendendolo di fatto più versatile rispetto a Dogecoin.

A luglio 2021, inoltre, il team di Shiba Inu ha lanciato una propria piattaforma DeFi (Decentralized Finance) denominata "ShibaSwap": si tratta di un servizio che permette di effettuare trading di criptovalute in sicurezza e scambiare token ERC-20 basati su Ethereum.

---

9 https://raw.githubusercontent.com/shytoshikusama/woofwoofpaper/main/SHIBAINUWOOFWOOF.pdf

ShibaSwap dispone anche di un proprio mercato di NFT, chiamati "Shiboshis", raffiguranti immagini cani Shiba realizzati in pixel art.

Nell'aprile 2022, superando un valore di mercato di 13 miliardi di dollari, la criptovaluta Shiba Inu ha raggiunto il quindicesimo posto in termini di capitalizzazione di mercato.

| CRIPTOVALUTA | SHIBA INU |
|---|---|
| Ticker | SHIB |
| Creata da | Ryoshi |
| Blockchain | Ethereum |
| Attivo dal | 2020 |
| Quantità massima di monete | 1 biliardo |
| Algoritmo di consenso | Proof of Stake |

## Dogelon Mars

Da quando il CEO di Tesla e SpaceX, Elon Musk, ha mostrato un certo interesse per questo particolare genere criptovaluta, il numero di memecoin è aumentato a dismisura.

Tra quelle degne di nota troviamo sicuramente Dogelon Mars (ELON), nome che strizza chiaramente l'occhio a Dogecoin e a Elon Musk e il suo obiettivo di colonizzare il pianeta Marte.

Il progetto nasce nell'aprile 2021 da una fork di Dogecoin con lo scopo di dar vita a una moneta per il popolo e per tutti quelli che hanno avuto perdite economiche a causa delle criptovalute investendo su quelle che si sono rivelate semplici truffe.

Sul sito ufficiale è anche riportata una divertente storia che racconta in maniera decisamente originale e fantasiosa l'origine di Dogelon Mars e della criptovaluta: il racconto narra di un giovane di nome "Dogelon

Mars" nato su Marte nel 2420 e che, con la sua famiglia, aveva lavorato a lungo per far evolvere tecnologicamente la propria colonia fino all'arrivo dei malvagi Annihilator; questi inseguirono il giovane Dogelon Mars nel tempo e nello spazio finché questi riuscì a trovare rifugio sul pianeta Terra, dove cerò una nuova valuta intergalattica, l'ELON appunto.

| CRIPTOVALUTA | DOGELON MARS |
| --- | --- |
| Ticker | ELON |
| Creata da | Dogelon Mars |
| Blockchain | Ethereum (Polygon layer 2) |
| Attivo dal | 2021 |
| Quantità massima di monete | 1 biliardo |
| Algoritmo di consenso | Proof of Stake |

# Come leggere un white paper

Quelle che abbiamo visto finora sono solo le principali criptovalute, quelle più importanti per capitalizzazione e notorietà in generale. Ormai sono sempre più numerosi i progetti blockchain che danno vita a nuove criptovalute o altre forme di criptoasset.

Per potersi districare con un minimo di conoscenza in questo marasma in continua evoluzione, è molto importante riuscire a leggere e comprendere quanto indicato all'interno di un white paper: si tratta di un documento informativo diviso in vari punti che spiega in maniera dettagliata tutti gli aspetti di un determinato progetto.

Questo ti sarà utile a valutare l'attendibilità e la bontà di una criptovaluta, comprendendone l'obiettivo, i mezzi e le specifiche tecnologiche. Tutte skill indispensabili, non solo per gli addetti ai lavori, ma soprattutto per chi ha deciso di rischiare il proprio denaro investendo sulle piattaforme di trading di criptovalute o tramite il finanziamento di una nuova ICO.

Di buona norma, ogni white paper che si rispetti è strutturato in maniera tale da introdurre in maniera esaustiva l'idea di base, il team del progetto, il problema che ambisce a risolvere, le soluzioni tecniche adoperate e i dettagli della crowdsale.

## Introduzione del progetto

Per iniziare, di solito troviamo una breve introduzione che definisce a grandi linee il background del progetto. È importante che l'idea venga presentata in maniera semplice e chiara, evidenziandone i punti cardine. Se la visione di base non risulta interessante e attuabile, è molto probabile che il lettore non si senta invogliato ad approfondire il prospetto, scartandolo a priori come possibile forma di investimento.

Per tali motivi, questa sezione risulta spesso di facile comprensione e di dimensioni contenute.

## Definizione del problema e della soluzione

In questa parte, viene presentato il mercato nel quale il progetto intende intervenire per risolverne i problemi, siano essi commerciali, tecnici o tecnologici.

È qui che il white paper di un progetto basato su blockchain o criptovalute spiega come la sua realizzazione può effettivamente fare la differenza. Si cerca di convincere della sua importanza il lettore, ponendosi come possibile soluzione a un problema attualmente esistente.

## Descrizione tecnica

In questa sezione vengono illustrati i dettagli tecnici e le analisi effettuate che spiegano la fattibilità del progetto. Nonostante si tratti della sezione più complessa dell'intero documento, è senza dubbio quella più importante in quanto in grado di dimostrare le tesi introdotte nelle sezioni precedenti.

Va letta con attenzione, cercando di cogliere quante più informazioni possibili, sondando la solidità e le possibili contraddizioni.

La soluzione proposta è veramente efficace? È realmente attuabile? Come verranno suddivisi i token che caratterizzano la criptovaluta? Sono questi alcuni esempi di quesiti che dovrebbero trovare risposta in questa sezione.

## Presentazione del team

Conoscere le persone che hanno avviato l'idea e che sono attivamente impegnate nel suo sviluppo, può sensibilmente incidere nella valutazione di un progetto.

A tal proposito è importante poter conoscere le esperienze, le qualifiche e i ruoli dei singoli soggetti coinvolti. Il white paper deve presentare i profili dei finanziatori, del CEO e di tutte le altre figure implicate.

Spesso alcune di loro potrebbero scegliere di utilizzare un nickname: in questi settori non è raro che le menti alle spalle di progetti che potrebbero rilevarsi particolarmente remunerativi scelgano la via dell'anonimato.

Tuttavia, tali persone potrebbero comunque essere ritenute degne di una certa credibilità grazie all'autorevolezza maturata nel tempo su vari canali social, come Twitter o Reddit. Sebbene la vera identità di Satoshi Nakamoto sia tutt'oggi segreta, Bitcoin rappresenta l'eccezione che conferma la regola. Inizialmente, infatti, erano in molti gli scettici che non avrebbero puntato un centesimo su di esso, né sono mai stati richiesti fondi per avviare il progetto.

## Dettagli della crowdsale

In maniera analoga alle azioni di una società quotata in borsa, la crowdsale è qualcosa di simile al finanziamento iniziale che un'azienda richiede per sviluppare una nuova idea.

Conoscere i dettagli della crowdsale permette di valutare la distribuzione degli asset (criptovalute o token in generale) e l'eventuale rientro dell'investimento.

Molte delle criptovalute recenti sono frutto di una crowdsale, ovvero di un'offerta di vendita al pubblico, anche detta "ICO".

**DEFINIZIONE** Una crowdsale non è nient'altro che la vendita di un'elevata quantità criptovalute o token da parte di un'azienda che solitamente è promotrice del progetto.

Si tratta di una forma di finanziamento utile ad avviare il progetto e facilitarne la diffusione al grande pubblico.

In cambio di una parte degli asset in loro possesso, i soggetti determinati a lanciare un nuovo progetto possono beneficiare dei finanziamenti ottenuti per incrementare gli sviluppi software, potenziare l'infrastruttura hardware e acquistare i beni o i servizi necessari.

Anche in questo caso, se tale sezione si dimostra povera di dettagli attendibili o manca di sufficiente trasparenza, è difficile che il progetto possa riuscire ad attrarre un numero sufficiente di investitori.

## Modello tokenomics

La tokenomics è un modello economico basato sul token o sulla criptovaluta del progetto. I suoi aspetti principali riguardano la modalità con cui verrà distribuito il token sul mercato la prima volta e quella con cui esso continuerà a essere distribuito sul lungo termine, nonché gli specifici casi d'uso.

Talvolta, determinati tokenomics possono prevedere la pratica del *burning*, che consiste nel "bruciare" una certa quantità token in modo da diminuire l'inflazione. Si tratta di un procedimento grazie al quale è possibile ridurre la quantità degli asset in circolazione. Lo scopo è esplicitamente quello di aumentarne il valore riducendone l'offerta.

Un white paper ben strutturato dedicherà attenzione all'indicazione della disponibilità massima degli asset, a come verranno distribuiti tra i componenti del team o della community che appoggia il progetto, alle varie possibilità di acquisto, e così via.

## Avanzamento della roadmap

Come per ogni progetto, la roadmap ne rappresenta la tabella di marcia.

Solitamente suddivisa in trimestri indicati con Q1, Q2, Q3 e Q4 (la lettera Q identifica un quarto di anno), una roadmap descrive le azioni da compiere e le *milestone* da raggiungere in tempi chiaramente indicati.

La roadmap non è necessariamente presente all'interno del white paper, ma è importante poterla reperire dal sito ufficiale del progetto.

Si tratta di informazioni decisamente rilevanti per comprendere le potenzialità di un token nel breve o medio termine.

CAPITOLO 7

# WALLET ED EXCHANGE

PORTA IL TUO OBIETTIVO PIÙ IMPORTANTE NEL TUO PORTAFOGLIO.

*Jack Canfield, autore statunitense*

## Cos'è un wallet?

Ora che abbiamo chiarito cosa sono le criptovalute, approfondito il funzionamento di Bitcoin ed Ethereum e passato in rassegna una panoramica generale delle principali altcoin, immagino tu ti stia chiedendo come custodirle.

Come tutte le monete di questo mondo, anche le criptomonete possono essere racchiuse in un portafoglio, "wallet" in inglese.

I wallet di criptovalute non custodiscono le monete in maniera diretta, bensì conservano le tue chiavi private, ovvero le password che ti consentono di accedere ai tuoi asset e ti permettono di effettuare e ricevere transazioni.

Le chiavi crittografiche ti mettono nelle condizioni di dimostrare che sei effettivamente tu il proprietario delle monete che intendi trasferire all'atto di una transazione. Ecco perché se perdi le tue chiavi private, perdi l'accesso al tuo denaro ma questo continuerà a esistere sulla blockchain senza che nessuno possa averne più il controllo.

A ogni chiave privata (che deve rimanere segreta) corrisponde pure una chiave pubblica che rappresenta l'indirizzo del tuo conto.

L'indirizzo del wallet (talvolta indicato come "wallet address") ha, quindi, una funzione simile a quella del codice IBAN per un conto corrente bancario.

**DEFINIZIONE** Un wallet custodisce le chiavi private per ottenere il controllo ai relativi asset presenti sulla blockchain.

Generalmente, le chiavi private come quelle generate da Bitcoin, sono rappresentate da una stringa a 256 bit suddivisa in una sequenza di 64 caratteri esadecimali, ovvero caratterizzate da un intervallo di numeri che va da 0 a 9 e un intervallo di lettere dell'alfabeto che va da A a F.

Ecco un esempio di chiave privata:

126cef5a86f6cad44d18e7a2a4775ac85e9ed1fce30e09bc1247955f85f0fe7f

.

Attraverso un algoritmo crittografico asimmetrico, dalla chiave privata viene generata la rispettiva chiave pubblica.

L'asimmetria di questo sistema consiste nell'impossibilità di ottenere al contrario una chiave privata partendo da una pubblica.

Per tale motivo potrai tranquillamente diffondere a terzi l'indirizzo del tuo wallet senza che un qualsiasi malintenzionato possa risalire alla tua chiave privata.

In tal caso si tratta di una stringa di 160 bit, della lunghezza variabile da 25 a 34 caratteri alfanumerici.

Ecco un esempio di chiave pubblica derivata dalla chiave privata sopra indicata:

1D4Q4VfW2kPApSscrwXTLgTvhfALXv7WZU.

**APPROFONDIMENTO**

Di seguito alcuni esempi di chiavi pubbliche famose.

–    1a1zp1ep5qgefi2dmptftl5slmv7divfna:

"The Genesis Address". È il primo indirizzo Bitcoin. Si presume che sia controllato da Satoshi Nakamoto, sebbene i fondi a esso associati non siano mai stati mossi. È detto "indirizzo genesi" perché è lì che fu accreditata la cospicua ricompensa di 50 BTC per il mining del primo blocco della blockchain, definito appunto "genesis block". Allo stesso indirizzo furono successivamente trasferiti ulteriori 18 BTC. A oggi l'ammontare associato a quella chiave pubblica risulta ancora di 68 BTC totali.

–    3e8ociqza9mzuswgdsmaemaoaxbk3fndcd:

È l'indirizzo dov'è possibile inviare donazioni per sostenere Bitcoin.org, il sito finanziato dalla comunità Bitcoin che si impegna per la diffusione e la divulgazione della tecnologia (https://bitcoin.org).

–    0xdce13c28a1f54fd98523da02a012baad80b80a8a:

È l'indirizzo del wallet Ethereum della famosa ONG Save the Children che tutela i diritti dei minori nel mondo, la quale accetta donazioni anonime anche in ETH.

–    lilvtc8aojpwmeeiqsnzchkfmxto8zvgqr:

Wikileaks, l'organizzazione nazionale senza scopo di lucro che lotta per la divulgazione contro la censura delle informazioni, accetta donazioni in svariate criptovalute. Tra queste troviamo anche LTC e quello indicato è l'indirizzo del suo account.

Esistono molti tipi di wallet con caratteristiche e livelli di sicurezza molto differenti tra loro. Proseguiamo con una panoramica completa dei vari modelli e scopriamo insieme come configurare il tuo primo esempio di wallet software.

## Web wallet

Un web wallet è un portafoglio di criptomonete, accessibile tramite un comune web browser. Questo ti permette di controllare il saldo, ricevere ed effettuare transazioni attraverso il login all'apposita area riservata del sito web che eroga il servizio.

In questo caso, però, le tue chiavi private sono memorizzate su un server remoto al di fuori del tuo controllo e potenzialmente esposto ad attacchi e furti di dati.

## Exchange wallet

Per exchange wallet si intende un web wallet che offre anche un servizio di exchange di criptovalute.

Un exchange è una piattaforma che consente di acquistare e vendere criptomonete, eventualmente realizzando un profitto attraverso queste operazioni.

Ricaricando il proprio conto in valuta fiat, è possibile procedere all'acquisto di un vasto numero di criptoasset che verranno automaticamente depositati sul wallet offerto dal servizio. Tramite l'exchange è anche possibile vendere gli asset precedentemente acquistati e, in base alle loro variazioni di valore, ottenere in tal modo un possibile ritorno economico in valuta fiat, o eventualmente una perdita. Tali operazioni rientrano nelle attività del trading di criptovalute, aspetto che approfondiremo in questo capitolo.

Tra i principali exchange troviamo Binance (https://www.binance.com) e Coinbase (https://www.coinbase.com).

## Software wallet

I wallet di tipo software sono particolari applicazioni che racchiudono al loro interno le chiavi dei vari account di criptovalute in possesso dell'utente. Di buona norma, le chiavi archiviate dal software vengono codificate attraverso una password di sicurezza e memorizzate sull'hard drive del dispositivo in uso.

Questi software vengono a loro volta definiti "desktop wallet" o "mobile wallet" se sviluppati rispettivamente per PC o smartphone. In entrambi i casi, la loro sicurezza è strettamente legata a quella del dispositivo in uso. Per tale motivo, è estremamente importante che un software wallet venga installato su un device sicuro e dotato di un adeguato software antivirus.

Le recenti applicazioni di mobile wallet sono molto semplici e intuitive da utilizzare e permettono, inoltre, di scansionare un codice QR per rendere ancora più immediate le transazioni in entrata e uscita tra conoscenti.

Tra i più diffusi software wallet troviamo Exodus 1 (https://www.exodus.com), la cui applicazione è disponibile sia per computer Windows, Mac e Linux che per smartphone iOS e Android.

**IN PRATICA** Vediamo come installare Exodus sul tuo computer o smartphone. Si tratta di un'operazione più semplice di quanto tu possa immaginare.

Innanzitutto, per questioni di sicurezza, ti consiglio di effettuare il download dell'applicazione solo del suo sito ufficiale. Dalla stessa pagina potrai trovare anche i link ai rispettivi store per dispositivi mobili. Nella sezione dedicata al download dell'installer per computer desktop, troverai anche il link ai release hashes per verificare che il file appena scaricato non sia stato manomesso da malintenzionati (abbiamo già visto come verificare la genuinità di un file nel capitolo Blockchain e DLT).

Completata l'installazione e aperta l'applicazione, ci troveremo di fronte alla schermata di benvenuto di Exodus.

Come prima cosa è preferibile recarsi in "Settings" per impostare una password di backup: nella versione desktop è sufficiente cliccare nell'icona a forma di ingranaggio posta in alto a destra della finestra, dunque selezionare la voce "Backup".

Dopo aver scelto con cura una password, potrai visualizzare la frase segreta che permette di accedere al backup dei tuoi wallet. Si tratta di una serie di 12 parole che ti consente di recuperare il tuo portafoglio nel caso in cui perdessi l'accesso a esso. Scorri con il mouse sulle caselle oscurate, annota le parole nell'ordine corretto da 1 a 12 e conservale in un luogo sicuro. Presta molta attenzione, chiunque abbia la tua frase di recupero potrà spendere i tuoi fondi. Non mostrarla a nessuno!

Se hai installato la versione mobile di Exodus potrai effettuare questa procedura in maniera analoga recandoti su "Settings" ed entrando nella sezione "Security".

Tornati sulla schermata principale, sotto la sezione "Wallet" (icona a forma di portafogli) troverai una serie di criptovalute preconfigurate, prime tra queste BTC ed ETH. Dalle impostazioni avrai modo in seguito di aggiungere anche altre tipologie di wallet, scegliendo tra oltre 200 asset a disposizione.

Selezionata una criptovaluta, cliccando sul grosso tasto "Receive" potrai visualizzare la chiave pubblica, ovvero l'indirizzo attraverso il quale chiunque potrà inviarti dei pagamenti. Troverai anche il suo codice QR da fotografare o stampare o mandare via e-mail.

Cliccando sui dettagli avanzati (l'icona con tre puntini in verticale) avrai modo di visualizzare anche la tua chiave privata. Prima di mostrarti questi dati, l'applicazione ti chiede di prestare attenzione al luogo in cui ti trovi, assicurandoti che nessuno possa vedere il tuo schermo. Questo eccesso di sicurezza potrà sembrarti paranoico, ma come abbiamo già più volte ribadito, chiunque visualizzi le tue chiavi private potrà rubare i tuoi fondi. Sempre dalla schermata principale del wallet, potrai anche effettuare una transazione, cliccando sul grosso tasto "Send" e indicando l'indirizzo del destinatario.

## Hardware wallet

Gli hardware wallet sono dispositivi fisici, spesso simili nell'estetica alle comuni chiavette USB, sui quali sono archiviate la chiavi per accedere alle tue criptovalute.

Questi dispositivi non sono collegati a Internet e per tale motivo è praticamente impossibile per un hacker riuscire ad accedervi per rubarne il contenuto. La generazione delle chiavi e la loro custodia avvengono in maniera del tutto offline, cosa che li rende di fatto estremamente sicuri. In più, di solito questi dispositivi possono essere protetti attraverso un PIN di sblocco. In tal modo, qualora il dispositivo dovesse fisicamente finire in mani non autorizzate, i dati custoditi al suo interno resterebbero al sicuro. Inoltre, dopo il ripetuto inserimento di un PIN errato, l'hardware wallet viene automaticamente messo in blocco o addirittura resettato alle impostazioni di fabbrica.

Di norma, smarrire o danneggiare irrimediabilmente un hardware wallet non compromette per sempre l'accesso ai propri conti: si potrà comunque ricorrere al seed di recupero per poter risalire alle proprie chiavi private.

Si tratta di una soluzione che raggiunge un buon compromesso tra praticità d'utilizzo e sicurezza dei dati, consigliata per coloro che ricorrono frequentemente ai propri wallet con somme degne di nota.

D'altro canto, tali dispositivi risultano piuttosto costosi e poco intuitivi da utilizzare per le persone meno avvezze alla tecnologia.

Puoi trovare una selezione aggiornata dei migliori hardware wallet collegandoti al mio sito personale: https://luigicigliano.com/migliori-hardware-wallet.

## Paper wallet

Per paper wallet si intende un semplice foglio di carta dove vengono stampate o trascritte a mano le chiavi pubbliche e private di un account. Alcuni portafogli cartacei creati attraverso apposite applicazioni potrebbero anche disporre di un codice a barre o QR scansionabili per il rapido recupero dei dati.

Questo sistema veniva molto usato prima che le criptovalute diventassero popolari. Oggi esistono soluzioni decisamente più all'avanguardia; tuttavia ricorrere alla carta rimane una valida alternativa per il backup offline del proprio wallet, ad esempio conservandolo all'interno di una cassaforte.

Per certi versi anacronistico, un paper wallet rappresenta una delle soluzioni più sicure. Nessuno, infatti, può hackerare un portafogli cartaceo e recuperarne le chiavi a meno che non venga fisicamente sottratto il foglio di carta. Sotto questo punto di vista, la sicurezza di un paper wallet è direttamente proporzionale al luogo in cui questo viene conservato.

**Bitcoin Address**

**Private Key**

SHARE

SECRET

1KXj3EnroaMrJDg4rdwGKd8Mce14xoncA5

KzF5PpV9sQSmzuCZCZXV66AnPS3zVwoea1CJmWCBjUQ35LThrx9e

**Figura 7.1** – Esempio di paper wallet.

**IN PRATICA**  Un'ottima soluzione per la creazione di un paper wallet ci viene fornita dal sito https://bitaddress.org che, attraverso i movimenti del mouse, consente di selezionare numeri casuali per la generazione della chiave privata e, dunque, della pubblica. Il sito genera anche un documento stampabile che riporta la coppia di chiavi del wallet e i relativi codici QR per un rapido accesso.

L'applicazione è scritta in JavaScript e viene perciò eseguita solo sul computer dell'utente che accede al sito. Per una totale sicurezza, prima di procedere con la generazione delle chiavi, sarebbe preferibile disconnettere il computer dalla rete subito dopo aver aperto la home di https://bitaddress.org.

È consigliabile ripristinare la connessione a Internet solo in seguito alla stampa del paper wallet e alla chiusura della finestra del browser, senza salvare il file sul computer. In tal modo avrai una maggiore protezione da possibili occhi indiscreti provenienti dal web.

Inutile ribadire che il foglio appena stampato andrà conservato in un luogo sicuro. Il suo smarrimento o danneggiamento potrebbero significare la totale perdita dei fondi a esso associati.

## Brain wallet

Con l'espressione "brain wallet" si indica una coppia di chiavi conservate solo nella memoria e nel cervello di una persona, senza alcun backup digitale o fisico e, quindi, con un livello di sicurezza estremo. È naturale che un simile approccio sia generalmente sconsigliato. Fare affidamento sulla propria memoria per custodire a lungo termine due stringhe alfanumeriche complesse non è affatto l'ideale.

Una potenziale soluzione a questo problema potrebbe essere quella di ricorrere a una seed phrase facile da ricordare, magari ispirandosi a testi di canzoni o opere letterarie. Tuttavia, quest'ultima scelta rappresenterebbe una grave falla per la sua sicurezza, in quanto il seed potrebbe essere più facilmente scovato da una persona malintenzionata.

Puoi trovare online una varietà di strumenti utili per generare una seed phrase corretta. Tra questi ti segnalo il Mnemonic Code Converter (https://iancoleman.io/bip39).

Tieni a mente che la maggior parte dei wallet consente di eseguire un backup dei fondi tramite la cosiddetta "frase di seed". Si tratta di una vera e propria frase di ripristino, chiamata anche "recovery phrase", che viene generata attraverso precisi standard per consentire all'utente di recuperare il controllo dei propri asset in caso di emergenza.

Questo processo in pratica converte la chiave privata in un insieme di 12, 18 o 24 parole, selezionate in modo casuale all'interno di uno specifico vocabolario formato da 2.048 termini in lingua. Riportandole nel preciso ordine con cui vengono generate, all'occorrenza queste parole permettono di risalire alla chiave privata del wallet originale.

# Custodial e non-custodial wallet

Nella scelta del tipo di wallet che più si addice alle tue esigenze, è importante che tu sappia distinguere quelli custodial da quelli non-custodial.

I primi prendono in custodia le chiavi private per tuo conto, indicandoti direttamente la chiave pubblica dov'è possibile richiedere i pagamenti. In pratica, non avrai il pieno controllo sui tuoi fondi, né la possibilità di firmare le transazioni. Altre limitazioni di questo tipo di servizi potrebbero essere la mancata compatibilità con determinate criptovalute emergenti o la possibilità di acquistare e custodire NFT.

Eppure, se ritieni di conservare piccole somme e di non avere esigenze particolari, i custodial wallet possono rappresentare la soluzione in assoluto più comoda e veloce.

Un altro aspetto positivo di questo tipo di wallet è che, in caso di smarrimento della password, è spesso predisposta una procedura per il suo recupero.

Per ottemperare alle recenti normative KYC (Know Your Customer), che richiedono ai servizi finanziari l'obbligo di identificare e verificare l'identità dei propri clienti, qualunque sia il custodial wallet che sceglierai sicuramente in fase di registrazione ti verrà richiesto di inserire i tuoi dati anagrafici e una copia del tuo documento di riconoscimento.

Di norma, sono ritenuti custodial gli exchange wallet e i web wallet.

I wallet di tipo non-custodial ("non custoditi") ti danno un controllo totale sulle tue chiavi private, senza coinvolgere servizi di terze parti. Questo genere di wallet ti offre più libertà e maggiori funzionalità rispetto ai wallet ospitati. Ad esempio, se vuoi acquistare degli NFT o fare staking di criptovalute (una pratica che ti consente di mettere le tue criptovalute a disposizione di particolari nodi al fine di convalidare le transazioni, ottenendo in cambio una ricompensa), un non-custodial wallet potrebbe essere la scelta più sensata.

In sostanza, con i non-custodial wallet le chiavi private sono totalmente sotto la tua responsabilità, quindi è estremamente importante che questo venga utilizzato in un ambiente sicuro.

Un valido esempio di non-custodial wallet è MetaMask (https://metamask.io).

# Hot e cold wallet

Un'altra significativa caratteristica di un portafogli riguarda la necessità o meno di una connessione a Internet per il loro corretto funzionamento. In base a questo si distinguono gli hot wallet, i quali sono connessi alla rete, e i cold wallet, che operano totalmente offline.

La maggioranza dei wallet in circolazione è, quindi, di tipo hot. Oltre ovviamente ai portafogli offerti dai vari servizi web, i soft wallet installati su dispositivi quali PC e smartphone dispongono comunque di una connessione a Internet che li espone a potenziali rischi.

Tra i cold wallet, invece, troviamo i portafogli di tipo hardware, paper e brain, i quali, per ovvi motivi, operano offline non solo nel custodire le chiavi private ma fin dall'iniziale generazione di queste ultime.

# Multi-signature wallet

In maniera equiparabile a un comune conto bancario cointestato, i multi-signature wallet, anche noti come "multisig wallet", consentono di associare un unico account a più proprietari.

Nello specifico, in questo caso partendo da più chiavi private viene generata un'unica chiave pubblica.

Con un account multisig, per autorizzare una transazione saranno necessarie le firme ottenute con un determinato numero di chiavi private.

Gli indirizzi di questo tipo, infatti, vengono anche definiti "M-of-N" in quanto sono necessarie almeno M chiavi private su N totali per poter effettuare una transazione. Ad esempio, con un account di tipo multi-signature 2-of-3, per autorizzare un pagamento saranno richieste almeno 2 firme su 3 totali.

Ovviamente nulla vieta di creare un account di questo genere anche in presenza di un unico proprietario. Una soluzione a più chiavi private aumenterebbe esponenzialmente la sicurezza di un sistema già molto sicuro. In pratica potresti decidere di creare un account multisig custodendo le diverse chiavi private in luoghi separati, magari registrandone una prima sul tuo hard wallet e una seconda su un paper wallet conservato in cassaforte.

## Come ottenere criptovalute

Ora che hai scelto la tipologia di wallet che più si addice alle tue esigenze, avrai sicuramente voglia di riempirlo con un bel gruzzoletto di criptomonete sonanti.

Esistono diversi metodi con cui potresti venire in possesso di criptovalute. Il primo, e ormai il più difficile da attuare, è il mining. Attraverso un adeguato software puoi trasformare il tuo computer in un nodo miner o in un nodo validatore, contribuendo così alla conferma delle transazioni nel network della criptovaluta che hai scelto in cambio di una ricompensa. Il capitolo successivo è interamente dedicato a questo aspetto e avremo modo di approfondirne anche i risvolti pratici.

Un ulteriore metodo per riuscire a ottenere delle monete è partecipare a una ICO o essere tra i fortunati utenti selezionati per un cosiddetto "airdop". Una ICO consiste nella vendita di token relativi a un nuovo progetto che si intende finanziare.

Il concetto è molto simile a quello di una IPO (Initial Public Offering, "offerta pubblica iniziale"), un'operazione del mercato azionario con cui le società fanno il loro ingresso in borsa o aumentano il loro capitale mettendo in vendita una parte delle quote societarie.

Partecipando a una ICO, quindi, avrai la possibilità di acquistare i token di un progetto che in futuro potrebbe rivelarsi vincente o, nelle peggiori delle ipotesi, fallire.

In questi casi è importante analizzare il white paper del progetto per poter meglio studiare la bontà dell'iniziativa e raccogliere informazioni sufficienti a valutare il rischio dell'investimento.

Anche l'airdrop è una pratica che comunemente viene avviata da nuovi progetti, ma in questo caso un piccolo quantitativo di token viene mandato agli utenti che ne fanno richiesta in maniera gratuita, al fine pubblicizzare il progetto stesso. Per tale motivo, per ottenere i token in palio spesso agli utenti viene richiesto di effettuare determinate operazioni come seguire gli account social del progetto o condividere determinati post promozionali.

In entrambi i casi è importante fare molta attenzione agli eventuali casi di scam. Si tratta di vere e proprie truffe in cui vengono proposti investimenti in blockchain fasulle, con il solo scopo di raccogliere denaro tramite le ICO di progetti che non verranno mai alla luce. Per quanto gratuiti, anche gli airdrop possono nascondere alle spalle dei tentativi di scam. Per ottenere gli asset promessi in cambio, infatti, vengono richiesti task che possono ledere la privacy dell'utente oppure indurlo a effettuare operazioni come la condivisione di post pubblicitari fraudolenti al fine di alimentare un sentimento di fiducia nei follower. Inoltre, non di rado, determinati smart contract relativi ad airdrop possono anche rivelarsi malevoli ed effettuare operazioni non autorizzate.

In generale, per questioni di sicurezza, in casi come questi è sempre preferibile utilizzare un account provvisorio nel quale non siano già presenti fondi.

Infine, la strada più semplice è veloce per riempire il proprio portafogli è quello di utilizzare un exchange, un servizio che in cambio di denaro in valuta fiat ti permette di acquistare al prezzo di mercato una gran varietà di criptovalute, richiedendo il pagamento dei costi di transazione detti "fee".

**DEFINIZIONE** Gli exchange sono piattaforme che consentono di scambiare asset digitali in base ai prezzi di mercato.

Attenzione, però, a non farti prendere la mano: gli asset che acquisti potrebbero repentinamente perdere il proprio valore. Devi essere consapevole che potresti perdere tutto. Tuttavia, i trader di criptovalute effettuano queste operazioni di mestiere riuscendo addirittura a trarne profitto.
Ricorda, inoltre, che ogni transazione, per quanto piccola, richiede dei costi. Quindi, prima di effettuare la compravendita di una qualsiasi somma, valuta preventivamente le commissioni.

# Trading di criptovalute

Non sono certo pochi coloro che asseriscono di essersi arricchiti attraverso il trading di criptovalute; molti altri, invece, dichiarano di aver subito perdite, talvolta anche importanti.
Ciò che è sicuro è che si tratta di una pratica decisamente rischiosa, aggravata dall'estrema volatilità che caratterizza in generale il mondo delle criptovalute.
Ma in pratica in cosa consiste il trading applicato alle criptovalute?
Benché operazioni di questo genere richiedano molta cautela e competenze specifiche, il concetto di base è piuttosto semplice: trarre profitto dalla compravendita di criptoasset.

Volendo semplificare al massimo, si tratta di acquistare una determinata somma di criptovalute, aspettare che questa aumenti di valore e, dunque, rivenderla così da trarne profitto.

Ad esempio, a titolo del tutto esemplificativo, acquistando 1 BTC al prezzo di 10.000 euro e attendendo a rivenderlo fino al momento in cui il suo valore sale a 15.000 euro, si otterrebbero 5.000 euro di profitto.

Attenzione: i trader di criptovalute sono per lo più professionisti esperti e consapevoli dei rischi in cui incorrono. Per puro scopo didattico, di seguito analizziamo alcune delle strategie più note. Il mio consiglio resta quello di muoverti con estrema cautela e di non addentrarti in operazioni azzardate come queste.

Ricorda: non c'è alcun modo per prevedere con certezza le variazioni di prezzo di una criptovaluta. Non acquistare criptomonete e non investire in questo settore più di quanto tu non sia disposto a perdere.

# Strategie di trading

Per quanto in teoria possa sembrare semplice, in realtà riuscire a trarre profitto dal trading di criptovalute è un'operazione assai difficile e soprattutto rischiosa.

Il pericolo di perdere tutto o comunque gran parte del denaro investito è elevato. Tuttavia, esistono alcune strategie note che, per quanto tutt'altro che infallibili, permettono di seguire un approccio più o meno euristico.

## Hodl trading

Hodl è una strategia di trading a lungo termine che non richiede grandi abilità per essere messa in pratica.

Il suo nome deriva dalla parola "hold" che in lingua inglese significa "mantenere" ed è diventato famoso nel 2013 in seguito a un errore di battitura dell'ormai famoso utente GameKyuubi in un post sul forum "Bitcointalk"[1] in cui asseriva che avrebbe conservato i suoi bitcoin a lungo anche se in quel momento il loro valore stava calando.

Digitando erroneamente "hodling" invece di "holding", come spesso accade nel web, l'utente ha inavvertitamente dato vita a un meme che in seguito è diventato l'acronimo di "hold on to dear life" ("tieni duro per rimanere in vita").

Il generale termine "hold" è molto frequente tra gli investitori, principalmente tra quelli di criptovalute come BTC. Questo fa riferimento alla strategia di acquistare un bene e mantenerlo per un lungo periodo di tempo con la fiducia che questo aumenti inevitabilmente di valore con il passare del tempo. Ecco perché questa tecnica viene prevalentemente adottata con criptovalute che sono soggette all'halving che, almeno in teoria, dovrebbero aumentare di valore con il passare degli anni.

## Day trading

Strada contrapposta all'hodl trading, il day trading è una strategia che prevede di sfruttare la volatilità delle criptovalute in un arco di tempo volutamente breve, che può durare da qualche ora fino a un massimo di 24 ore.

Dopo aver identificato i trend più significativi del momento, i day trader si focalizzano sul loro andamento di mercato effettuando analisi in tempo reale. Ciò permette loro di acquistare e rivendere moneta in maniera piuttosto rapida, il tutto attenendosi a schemi ben precisi.

---

[1] Cfr. https://bitcointalk.org/index.php?topic=375643.0

Seguendo specifici indicatori tecnici e pattern grafici, gli investitori riescono a identificare i migliori punti di entrata e di uscita per riuscire a capitalizzare le loro operazioni.

Per questo tipo di strategia, sono indispensabili strumenti per la gestione smart del rischio come, ad esempio, gli SL (Stop-Loss) e i TP (Take-Profit). Si tratta di automatismi che scattano rispettivamente per limitare le perdite in caso di discesa del trend e garantire un certo margine di profitto in caso di salita.

Quello del day trading è sicuramente un approccio impegnativo e che richiede una certa dose d'impegno quotidiano, ma grazie a un sapiente uso degli automatismi permette di circoscrivere le possibili perdite e, quindi, di limitare i rischi.

Molto diffusa nel mercato azionario, l'espressione "day trading" nasce appunto in borsa, dove le sessioni di trading sono possibili solo durante i giorni lavorativi della settimana. In questo contesto, i day trader non lasciano mai posizioni aperte da un giorno all'altro, in quanto il loro obiettivo è quello di riuscire a ottenere il maggior profitto possibile dai cambiamenti di prezzo infragiornalieri.

## Scalp trading

Lo scalp trading, anche detto "scalping", è un approccio a brevissimo termine molto diffuso e spesso utilizzato dagli investitori in combinazione al day trading con il quale condivide gran parte degli strumenti e delle tecniche.

Gli scalp trader non mirano a ottenere profitti enormi, ma piuttosto un gran numero di piccoli ricavi conseguiti attraverso piccole ma meno rischiose variazioni di prezzo.

L'obiettivo è quello di arrivare a guadagni notevoli attraverso la somma di tanti guadagni che separatamente risulterebbero irrisori.

Lo scalping, quindi, sfrutta lievi incrementi di volatilità in tempi stretti invece di oscillazioni più lente e corpose.

## Swing trading

Più complessa e articolata, la strategia basata sullo swing richiede un monitoraggio costante dell'andamento della criptovaluta, concentrandosi sui picchi rialzisti o ribassisti. Si tratta di quei punti in cui la valuta registra un aumento o una diminuzione massima di valore prima di cambiare trend.

Le criptovalute, essendo soggette a elevata volatilità, durante la settimana possono aumentare o diminuire di prezzo più volte. Analizzando attentamente i grafici appare evidente che a ogni rialzo o ribasso di una certa importanza, spesso segue una correzione più o meno marcata.

Tale strategia, quindi, consiste nell'entrare in un determinato mercato proprio approfittando di queste fasi correttive per poi uscirne quando l'andamento tornerà a salire, ottenendo in tal modo un possibile profitto.

Gli investitori che non hanno tempo per seguire accuratamente i grafici o devono dedicarsi a più valute contemporaneamente, attraverso le principali piattaforme di trading possono impostare un messaggio di alert, ovvero un avviso che richiama la loro attenzione al verificarsi di una determinata condizione.

Ovviamente è molto difficile se non impossibile prevedere con certezza determinate oscillazioni di mercato. Per questo tipo di approccio, le qualità determinanti richieste a un trader sono sicuramente l'esperienza, la scaltrezza e, non di meno, un pizzico di fortuna.

Si tratta pertanto di un approccio molto rischioso ma che, in mani navigate e predisposte a un alto tasso di rischio, può portare a importanti soddisfazioni.

## Wash trading

Il wash trading è una tecnica di manipolazione del mercato in cui un trader, attraverso diversi account sotto il suo controllo, vende e riacquista nello stesso momento una certa quantità di asset al fine di speculare sul reale rapporto domanda-offerta.

L'obiettivo finale è in pratica quello di incrementare l'attività di acquisto per aumentare i prezzi oppure incoraggiare la vendita per abbassare i costi. Secondo recenti dibattiti, generando un volume fittizio di richieste, simili attività fraudolente porterebbero aver contribuito ad accrescere l'interesse degli investitori durante le fasi di offerta iniziale di importanti progetti blockchain come Eos[2].

Operazioni di wash trading purtroppo hanno spesso ripercussioni anche nel mercato degli NFT, nel quale le compravendite fittizie contribuiscono a gonfiare i prezzi e a generare false aspettative per il ritorno dell'investimento[3].

Per quanto in tema di criptovalute la normativa possa sembrare ancora poco chiara, quella del wash trading risulta una pratica assolutamente illecita in molti Stati e con risvolti legali simili al riciclaggio di denaro.

## Spoofing

Spesso praticato in concomitanza con il wash trading, lo spoofing è il processo mediante il quale i criminali tentano di influenzare artificialmente

---

[2] Cfr. M. Young, *New Research Claims 21 Accounts Pumped the $4.4B EOS ICO with Wash Trades*, https://cointelegraph.com/news/new-research-claims-21-accounts-pumped-the-4-4b-eos-ico-with-wash-trades.

[3] Cfr. J. Acharjee, *NFT Buyers Beware of "Wash Trades" That Generate Sales Hype*, https://capital.com/nft-buyers-beware-of-wash-trades-that-generate-sales-hype.

il prezzo di una valuta digitale, creando un gran numero di richieste d'acquisto fittizie. Lo spoofing, quindi, ha lo scopo di pilotare i sentimenti di pessimismo e di ottimismo nel mercato.

I trader che in mala fede cercano di adottare questa tecnica, effettuano richieste per l'acquisto o la vendita di grandi quantità di criptovalute, senza alcuna reale intenzione di concludere l'operazione. Le false oscillazioni di mercato così innescate hanno il fine di indurre altri investitori a vendere o acquistare un determinato asset, con il risultato di pilotarne anche il prezzo.

Per essere realmente tangibili nell'enorme mare di transazioni, le operazioni di spoofing devono essere eseguite da professionisti (se così vogliamo definirli) di un calibro ben sopra la norma, non solo per le competenze ma anche per le risorse di cui possono disporre.

# DEx (Decentralized Exchange)

Uno degli aspetti cardine della blockchain e del web 3.0 in generale è, come abbiamo già ampiamente appurato, la decentralizzazione dei network. Eppure, sto per darti una notizia che potrà non piacerti e, forse, anche un poco deluderti.

Probabilmente lo avrai già intuito da solo, ma l'intera filiera di exchange che permette di effettuare trading o anche solo cambiare valuta fiat in criptovalute si basa su piattaforme proprietarie e soprattutto centralizzate, motivo per il quale vengono anche dette "CEx" (Centralized Exchange).

Dal momento della registrazione fino all'acquisto di asset digitali e alla loro custodia, questi servizi si basano su server centralizzati il cui controllo è nelle mani delle organizzazioni a cui fanno capo. Impossibile, quindi, garantire il reale anonimato delle transazioni, né che non vi sia censura. A onor del vero, va precisato che questi servizi sono obbligati per legge a verificare l'identità dei loro utenti e, tuttavia, resta decisamente improbabile che scelgano deliberatamente di boicottare determinare richieste di trasferimento di fondi in quanto è proprio da esse che gli exchange traggono il loro profitto.

Questo, però, non deve disilluderti sulla reale decentralizzazione della tecnologia. Esistono, infatti, svariati exchange totalmente decentralizzati che, attraverso l'uso di specifici smart contract, permettono di effettuare transazioni senza alcun controllo.

Un DEx (exchange decentralizzato) è un marketplace peer-to-peer in cui le transazioni avvengono direttamente tra i trader di criptovalute.

**DEFINIZIONE** Un DEx è una piattaforma per lo scambio decentralizzato di asset attraverso l'uso di smart contract.

Gli exchange decentralizzati in questo modo soddisfano una delle caratteristiche che fin dall'inizio ha contraddistinto le criptovalute: promuovere transazioni finanziarie non arbitrate da banche, broker o altri intermediari. Molti tra i più polari DEx, come Uniswap e Sushiwap, si basano sulla blockchain di Ethereum.

Simili piattaforme sono alla base della cosiddetta "DeFi", la finanza decentralizzata, ovvero l'insieme delle moderne soluzioni finanziarie che, oltre allo scambio di moneta, consentono alle persone di prestare o prendere in prestito fondi da altri, speculare sui movimenti dei prezzi, assicurarsi contro i rischi e guadagnare interessi in un conto di risparmio. Il tutto solo grazie a tecnologie come blockchain e smart contract, senza necessità di intermediari finanziari centrali come exchange, broker, banche o altre istituzioni.

Nonostante simili soluzioni stiano facendo costanti passi in avanti sul fronte dell'usabilità, si tratta purtroppo ancora di strumenti assai complessi per l'utente comune. Molte operazioni richiedo un bagaglio tecnico non alla portata di tutti e persistono troppe limitazioni per poter sostituire un tradizionale exchange.

La stragrande maggioranza dei trader, quindi, continua ad affidarsi ai comuni servizi centralizzati, più semplici da utilizzare, più ricchi di funzioni e di mercati in cui investire.

A ogni modo la strada dei DEx e della DeFi è ormai tracciata e questi saranno sicuramente protagonisti quando nei prossimi anni il web 3.0 avrà raggiunto la totale maturità.

CAPITOLO 8

# COME MINARE CRIPTOVALUTE

**" TUTTA LA CREAZIONE È UNA MINIERA E OGNI UOMO UN MINATORE.**

——————————— *Abramo Lincoln, Scoperte e invenzioni, 1860*[1]

## Cosa significa "minare"

Ormai alcuni concetti ti sono già chiari. Una blockchain è un network formato da una miriade di nodi interconnessi. Tra questi troviamo i nodi che sono dediti a raggruppare le transazioni in blocchi, verificare la validità e infine confermarle protocollandole nel registro della blockchain.

Nelle blockchain basate su algoritmi PoW questo processo è detto "mining" e i nodi che se ne fanno carico sono detti "miner". Tra questi, coloro che per primi riescono a portare a termine il complesso calcolo crittografico utile a garantire la correttezza delle transazioni vengono

---

[1] https://quod.lib.umich.edu/l/lincoln/lincoln2/1:483.1?rgn=div2;view=fulltext

ricompensati con una certa quantità di monete nella criptovaluta per cui il network lavora.

Come un minatore che estrae con il suo piccone l'oro nelle miniere, un nodo miner attraverso l'elaborazione crittografica estrae monete dal network.

Nonostante il paragone alquanto calzante, piuttosto che "estrarre" un miner in realtà "conia" nuove monete nel momento stesso in cui approva un nuovo blocco della catena.

**DEFINIZIONE** Il mining è il sistema attraverso il quale ogni transazione viene verificata e aggiunta all'interno del pubblico registro distribuito conosciuto come blockchain, ma è anche il processo che rende possibile l'emissione di nuove monete fino al raggiungimento della quantità massima prevista.

Essenzialmente, per configurare un nodo miner è sufficiente possedere un computer su cui installare il software compatibile con il protocollo della blockchain alla quale si desidera partecipare. In rete è possibile trovare una vasta scelta di software in grado di operare su diverse blockchain, anche molto diversi tra loro.

Tieni presente che la maggior parte di questi software verrà identificata dal tuo antivirus come una probabile minaccia. Gli algoritmi crittografici utilizzati nel processo di mining, infatti, sono gli stessi utilizzati da specifici virus. Sebbene dovrai comunque utilizzarli a tuo rischio e pericolo, ti consiglio di effettuare il download di tali software solo dai loro siti ufficiali e, se possibile, di verificarne la validità controllando il checksum del file d'installazione (ne abbiamo parlato nel capitolo Blockchain e DLT).

# Bitcoin Core

Il primo programma con funzionalità di mining è stato Bitcoin Core, software rilasciato nel 2009 dallo stesso Satoshi Nakamoto. Purtroppo, a causa dell'elevata richiesta di potenza di calcolo impossibile da raggiungere dai comuni computer, a partire dal 2016 tale funzionalità è stata rimossa. Si tratta comunque di un client Bitcoin gratuito e open source ancora molto apprezzato che, oltre ad adempiere alle funzioni di wallet, archiviando in tempo reale l'intero ledger della blockchain, consente al computer di assolvere alle funzioni di full-node per convalidare e confermare le transazioni Bitcoin minate dai nodi miner.

È possibile effettuare il download di Bitcoin Core da Bitcoin.org, sito originariamente registrato dai suoi due primi programmatori, Satoshi Nakamoto e Martti Malmi. Quando Nakamoto si ritirò dalla scena, allargò l'appartenenza del dominio ad altre persone con lo scopo di distribuire la responsabilità e impedire a un singolo individuo o a un singolo gruppo di poter facilmente prendere il controllo del progetto Bitcoin.

Sulle sue pagine è ben messo in evidenza che Bitcoin.org non è il sito ufficiale di Bitcoin. Proprio come nessuno possiede la tecnologia e-mail, nessuno possiede la rete Bitcoin. Nessuno, di conseguenza, può parlare con autorità nel nome di Bitcoin.

Tuttavia, oggi il sito è un progetto open source indipendente che vanta collaboratori attivi da ogni parte del mondo.

**IN PRATICA** Dalla sezione "Risorse" del sito Bitcoin.org puoi scaricare l'ultima versione del software Bitcoin Core per diverse piattaforme come Windows, macOS, Linux e addirittura dispositivi ARM.

Completato il download puoi avviare l'installazione del programma. Come prima cosa ti verranno probabilmente richiesti gli accessi di amministratore del sistema e la cartella in cui effettuare la copia del software. Seleziona quest'ultima con cura, eventualmente su un drive secondario o un NAS esterno, perché è qui che Bitcoin Core effettuerà la copia in locale dell'intera blockchain.

La sincronizzazione iniziale di Bitcoin Core richiederà molto tempo e il download di una grossa mole di dati. Assicurati di avere una linea abbastanza veloce e spazio libero sul disco sufficiente per scaricare l'intero ledger di Bitcoin che, allo stato attuale, ha un peso che supera i 350 gigabyte.

Completato il processo d'installazione, avviato il software saranno subito evidenti le classiche funzionalità di un wallet con la possibilità di inviare e ricevere fondi, di creare una propria rubrica di indirizzi noti a cui inviare pagamenti frequenti e di consultare lo storico di tutte le transazioni effettuate.

Se disponi di una linea Internet efficiente, lasciando acceso il computer con Bitcoin Core in funzione, potrai dare il tuo contributo partecipando attivamente al network come full-node che tiene copia costante dell'intero registro delle transazioni verificandone, inoltre, la correttezza.

Per garantire il corretto funzionamento del nodo è necessario che sul firewall siano consentite le connessioni in entrata sulla porta 8333.

Le comuni connessioni domestiche sono generalmente filtrate da un router o da un modem, quindi è probabile che per aprire tale porta dovrai entrare nel pannello di controllo di questi dispositivi. Per verificare se il tuo nodo accetta correttamente le connessioni in entrata potrai ricorrete al sito https://bitnodes.io. Qui, giunto in homepage, ti basterà inserire il tuo IP esterno (probabilmente il sito lo rileverà automaticamente) nell'apposita casella di testo e cliccare sul tasto "check node". Dopo circa 45 secondi il sito sarà in grado di darti il responso.

Come hai appena letto, attraverso Bitcoin Core poi trasformare il tuo comune PC di casa in un vero e proprio full-node, archiviando l'intero ledger della blockchain in costante aggiornamento e verificando la correttezza delle transazioni approvate dai nodi miner.

Come ti anticipavo, purtroppo, la funzione che permetteva di minare nuove monete Bitcoin tramite il processore del computer è stata rimossa nelle ultime versioni del software. A causa dell'enorme potenza di calcolo attualmente richiesta per minare un blocco, coloro che ne avrebbero fatto ancora uso avrebbero essenzialmente solo sprecato energia elettrica. Questo non significa che i comuni utenti debbano rinunciare a minare. Tutt'altro. Come vedrai, attraverso specifici programmi è possibile condividere la propria potenza di calcolo con altri nodi in modo da riuscire a competere anche i più potenti server. Ciò che in linea di massima accomuna tutti questi software è la necessità di hardware con elevati standard e che rispetti requisiti ben precisi.

## Componenti hardware: GPU vs ASIC

Sebbene questi software siano disponibili per svariate piattaforme, in realtà solo determinate tipologie di processori riescono a raggiungere una potenza computazionale sufficiente per completare il processo di mining di un blocco di transazioni.

Una comune CPU, ovvero l'unità centrale di elaborazione di un computer, risulta ben poco performante nell'elaborazione di algoritmi PoW. In quest'ottica, invece, risultano decisamente più efficienti i processori che caratterizzano le moderne schede grafiche, tecnicamente definiti GPU. Queste ultime, infatti, per poter garantire elevate prestazioni grafiche nel campo del rendering video e dei videogiochi 3D, sono progettate appositamente per performare un elevato numero di veloci calcoli matematici, caratteristica che risponde perfettamente alle esigenze del mining.

Con l'accrescere delle attività di mining come forma di guadagno, a tal fine sono state sviluppate macchine ancor più proficue.

Le moderne macchine ASIC sono computer dotati di componenti hardware sviluppati apposta per il mining di una specifica criptovaluta. Si tratta di dispositivi particolarmente costosi e assemblati con processori realizzati ad hoc per risolvere i complessi problemi crittografici richiesti dagli algoritmi PoW.

Del tutto prive di monitor o altre periferiche esterne, le macchine ASIC vengono spesso raggruppate in batterie da decine se non centinaia di unità stipate in vere e proprie server farm o, addirittura, in container refrigerati proprio per contenere l'elevata quantità di calore prodotta dalla costante elaborazione.

Rispetto ai tradizionali computer dotati di potenti schede GPU, le macchine da mining ASIC risultano più costose, più rumorose e più performanti. Tuttavia, a parità di potenza computazionale, queste generano un consumo di energia più efficiente e generalmente richiedono una minore manutenzione. Inoltre, mentre le GPU possono essere riutilizzate per soddisfare altre esigenze come il gaming o il video editing, le macchine ASIC sono esclusivamente dedite al mining e non possono essere sfruttate per altro.

Aspetti critici delle macchine ASIC sono:

- la centralizzazione del mining: le grandi mining farm rendono ormai estremamente difficile minare ai comuni utenti;
- il costo dei macchinari: è oltremodo elevato anche per una singola macchina; è un investimento rischioso, quindi, per i non addetti ai lavori;
- la difficoltà di acquisto: la domanda di acquisto supera la disponibilità, ecco perché è abbastanza difficile ottenere un ASIC, anche di seconda mano;

— l'infrastruttura: per rendere l'investimento redditizio è necessario montare in cascata numerose unità e posizionarle in una struttura adeguata;

— il consumo energetico: sicuramente uno degli aspetti più critici di questa soluzione è l'alto consumo di energia, con ripercussioni anche per l'ambiente;

— la necessità di un impianto elettrico industriale: la grande mole di energia richiesta ha bisogno di un impianto ben più potente di quello d'uso domestico;

— la refrigerazione degli apparati: l'energia adoperata e l'elevata potenza computazionale dei processori generano un'importante quantità di calore e ciò richiede, quindi, l'uso di massicci sistemi di raffreddamento per il corretto funzionamento degli impianti;

— l'obsolescenza: a causa dei repentini progressi del settore hardware, le macchine ASIC rischiano di diventare rapidamente obsolete e perciò inadeguate a competere con altri miner;

— il monopolio: il mercato degli ASIC è in mano a una manciata di aziende, cosa che può incidere negativamente su costi e forniture;

— il fenomeno delle valute ASIC resistant: diverse criptovalute, proprio al fine di contrastare la centralizzazione causata da questo genere di dispositivi, hanno sviluppato algoritmi di consenso in grado di azzerare i loro vantaggi computazionali; in tal modo anche chi possiede un nodo basato su una comune CPU potrà tentare elaborare il PoW ad armi pari.

È comunque il caso di essere realistici. Purtroppo, la potenza di calcolo sempre più elevata richiesta della rete Bitcoin e la spietata concorrenza dei nodi miner, allo stato attuale, hanno reso praticamente impossibile minare Bitcoin in maniera fruttuosa senza ricorrere a simili macchinari.

Una soluzione utile ad arginare almeno in parte il problema è rappresentata dalle mining pool.

# Mining pool

L'unione fa la forza è il concetto alla base delle mining pool. Per poter competere con le potenti mining farm, attraverso appositi server i piccoli utenti possono aggregare la propria potenza di calcolo in modo da raggiungere hashrate elevatissimi.

DEFINIZIONE Una mining pool è un server che consente agli utenti di collaborare all'estrazione di nuovi blocchi, condividendo la propria potenza di calcolo in modo da raggiungere hashrate elevati.

Grazie alla loro collaborazione, figurando come un unico potente nodo miner, i piccoli miner hanno molta più probabilità di riuscire a estrarre un nuovo blocco e di ottenere la ricompensa per il lavoro svolto, la quale verrà equamente suddivisa tra tutti i partecipanti della pool secondo determinate regole.

A supervisionare la cooperazione degli utenti e a garantire una corretta divisione degli introiti troviamo una figura di coordinatore (anche detto "operatore") che generalmente corrisponde al gestore del server. Come compenso per il suo lavoro, a questo viene riconosciuta una piccola commissione sulla ricompensa che di solito non supera l'1% dei guadagni ottenuti da ogni utente.

# Metodologie di pagamento

Le metodologie con cui vengono accreditate le ricompense sono diverse. Vediamo le più diffuse.

–   PPS (Pay Per Share): le pool che utilizzano il sistema PPS sono quelle che garantiscono un introito costante. Con questo sistema riceverai un piccolo compenso fisso per ogni "share" che hai inviato. Una share è un hash usata per monitorare la porzione di lavoro effettuato da ciascun miner. Nei sistemi PPS vieni retribuito anche se la pool non mina un blocco. Il coordinatore della pool si assume il rischio di investimento e per tale motivo è probabile che imporrà una commissione considerevole sull'eventuale block reward.

– PROP (Proportional): è un metodo di distribuzione proporzionale del compenso. Ai partecipanti viene assegnata una quota specifica basata sul loro contributo alla potenza di calcolo totale del pool. In questo metodo, le ricompense sono divise alla fine di ogni turno di estrazione. I minatori che partecipano a un pool mining ricevono ricompense, quindi, solo dopo che un nuovo blocco è stato estratto.

– RBPPS (Round Based Pay Per Share): è un sistema simile al PPS, ma i pagamenti vengono ritardati fino a quando non viene minato e confermato un blocco. In questo caso non vengono conteggiati i blocchi orfani, cioè quei blocchi che, anche se correttamente minati, non vengono infine aggiunti alla blockchain e ai quali, quindi, non viene riconosciuta alcuna ricompensa.

– PPLNS (Pay Per Last Number of Shares): retribuisce i miner solo quando la pool trova un blocco con successo. Quando la pool mina un nuovo blocco, viene effettuato il conteggio delle quantità di share inviate, il cui totale è indicato con la lettera N. Il compenso di ogni utente viene calcolato dividendo il numero di share inviate per N e moltiplicando il risultato per la block reward. A tale importo andrà ovviamente poi sottratta la commissione richiesta dal coordinatore. Ad esempio, tralasciando i costi della transazione, se l'attuale block reward è di 6,25 BTC e la commissione dell'operatore è del 20%, la ricompensa disponibile ai miner sarà di 5 BTC. Se N conta 10.000 share totali e tu hai inviato correttamente 500 share, riceverai il 5% della ricompensa disponibile, ovvero 0,25 BTC.

# Scegliere una mining pool

Sul web è possibile trovare un gran numero di mining pool la cui registrazione è libera e senza particolari vincoli. Per poter scegliere quella che può meglio soddisfare le tue esigenze, oltre alla metodologia di pagamento, è importante tenere conto di alcuni aspetti:

— criptovaluta di riferimento: ovviamente dovrai scegliere di collaborare in una pool che lavora per minare la criptovaluta che hai scelto; tuttavia, esistono anche determinate mining pool dette "multicoin" che consentono al coordinatore di sfruttare la tua potenza di calcolo per minare diverse criptovalute;

— commissioni del coordinatore: com'è naturale, il coordinatore vorrà come compenso una piccola commissione sui tuoi ricavi, generalmente dell'1% e richiesta solo in caso di block reward;

— hashrate globale della pool: sul sito di una mining pool è possibile trovare il suo hashrate globale, ovvero la somma degli hashrate condivisi da tutti i partecipanti; più una pool è potente, maggiori sono le possibilità che questa riesca a minare un blocco;

— distanza del server: per ridurre la latenza e aumentare l'efficienza dell'attività di mining, se vivi in Italia è preferibile scegliere un server europeo, o quantomeno a te più vicino; molte mining pool ti consentono di scegliere tra diversi server localizzati in diverse nazioni;

— payout minimo: prima di poter riversare sul tuo wallet le ricompense ottenute, potrebbe essere richiesto il raggiungimento di una soglia minima; alcune pool permettono di impostare un prelievo automatico al raggiungimento di questa, tuttavia è bene tener d'occhio i costi di transazione, in alcuni casi potrebbe essere preferibile aspettare e raggiungere una somma più corposa.

## Mining pool più accreditate

Tra le principali Bitcoin mining pool troviamo Foundry USA (https://foundrydigital.com) e F2Pool (https://www.f2pool.com), entrambe con oltre il 15% dell'hashrate globale di Bitcoin. Seguono Poolin (https://www.poolin.com) e ViaBTC (https://www.viabtc.com), due pool molto rinomate che consentono il mining anche di altre criptovalute oltre a BTC. Degne di nota sono anche Antpool (https://www.antpool.com) e Binance Pool (https://pool.binance.com), entrambe con importanti hashrate che tendenzialmente segnano circa il 10% della totale potenza del network.

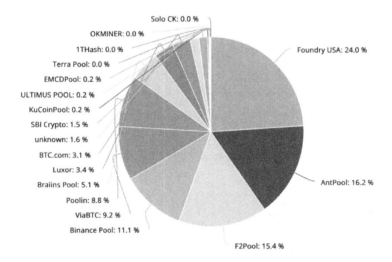

**Figura 8.1** – Grafico delle mining pool attive su Bitcoin, aggiornato ad agosto 2022.

**IN PRATICA** Entrare a far parte di una mining pool è una procedura piuttosto elementare. Prendiamo ad esempio LitecoinPool.org (https://www.litecoinpool.org), la più famosa pool per il mining di Litecoin. Prima ancora di registrarti, il sito ti avverte che provare a estrarre

Litecoin con hardware di base non è redditizio a meno che tu non possieda macchine specializzate come, ad esempio, minatori ASIC. Proprio come per i BTC, minare LTC richiede, infatti, hashrate molto elevati; tuttavia, nulla ti vieta di partecipare comunque alla pool per scopi puramente didattici. Potresti anche riuscire a ottenere delle piccole ricompense che, però, difficilmente ripagherebbero i costi dell'energia elettrica utilizzata durante il processo.

In fase di registrazione ti verrà chiesto di selezionare la tipologia di hardware a disposizione e di inserire nome utente, password e un indirizzo e-mail valido. Completata la procedura potrai loggarti nella tua area riservata nella quale potrai indicare l'indirizzo del tuo wallet dove accreditare le tue ricompense e verificare lo stato dei tuoi worker.

Nella sezione "Help", invece, troverai i dettagli di configurazione utili per connettere il tuo mining software al server della pool. Annota, dunque, il nome del server, il nome del tuo worker e la password, vedremo a breve come utilizzarli:

> Server: stratum+tcp://litecoinpool.org:3333
> Username: NomeUtente.1
> Password: 1

## Mining Software

Vediamo in questo paragrafo quali sono alcuni dei mining software esistenti e che è possibile reperire sul web. Una volta comprese le basi del loro funzionamento, potrai testarne di nuovi con maggiore sicurezza e consapevolezza.

## Awesome Miner

A oggi tra le più valide applicazioni per minare troviamo sicuramente Awesome Miner (https://www.awesomeminer.com), un software disponibile per sistemi Windows e Linux.

L'interfaccia semplice e funzionale lo rende una scelta particolarmente adatta ai principianti che vogliono muovere i primi passi nel mining di criptovalute. Tuttavia, il software è dotato di una serie di funzioni avanzate, molto apprezzate anche dagli utenti più esperti. Tra queste troviamo il profit switching per ottimizzare i profitti in base alle risorse, l'interazione tramite API e la configurazione di apposite notifiche inviate tramite e-mail o web hook per monitorare l'avanzamento del lavoro.

MultiMiner supporta una vasta gamma di algoritmi di mining, non solo SHA 256, quali Scrypt, CryptoNight, EtcHash, Equihash, Pascal, Keccak, Quark, Kawpow, RandomX e X16r. Questo gli consente di essere configurato per estrarre una moltitudine di criptomonete come BTC, ETC, XMR, LTC, Zcash e molte altre.

**IN PRATICA**  Nella sezione "Download" del sito ufficiale di Awesome Miner puoi trovare l'installer per sistemi Windows e Linux. Completata l'installazione, appena avviato il programma ti troverai di fronte alla sua dashboard. Qui potrai seguire la procedura guidata per la configurazione del miner. Dalla schermata iniziale "Add new miner" clicca sul tasto "Next", dunque seleziona "Managed miner" e clicca nuovamente su "Next" per proseguire. Nella casella di testo sotto la voce "Description" ti verrà richiesto di indicare un nome al miner, mentre potrai proseguire lasciando invariati gli altri campi.

A questo punto dovrai indicare l'algoritmo e il mining software; per non incorrere in errori clicca sul tasto "By coin…" e scorrendo dal menu a tendina scegli la valuta che intendi minare. Ad esempio, selezionando Litecoin ti verrà automaticamente selezionato l'algoritmo Scrypt e dal menu degli algoritmi troverai posti in grassetto solo quelli utili per il tuo fine, in questo caso CcMiner o CpuMiner-Opt.

Nella sezione "Pool", cliccando sul tasto "Actions" e selezionando la voce "New pool…" potrai aggiungere i parametri della pool a cui intendi partecipare: nome, indirizzo del server, il nome del worker e la sua password.

Aggiunta la pool, ti basterà cliccare un'ultima volta su "Next" per completare la configurazione del miner.

Per metterti all'opera e iniziare a minare, sarà sufficiente selezionarlo dalla lista dei miner con il tasto destro del mouse e cliccare sulla voce "Start" contraddistinta da un'icona verde.

## Cgminer

Cgminer (https://cgminer.info) è software open source disponibile per diverse piattaforme come Windows, Linux e macOS.

Sebbene possa essere installato su qualsiasi computer, è ottimizzato per sfruttare il massimo potenziale delle schede grafiche della gamma Radeon prodotte da AMD.

Adatto agli utenti più esigenti, include funzioni di overclocking, monitoraggio, controllo della velocità della ventola e capacità di interfaccia remota. Dispone, inoltre, di caratteristiche avanzate come l'autoindividuazione di nuovi blocchi con un minidatabase, il supporto multi GPU e la possibilità di estrarre anche tramite CPU.

Privo di una sua interfaccia grafica, richiede un approccio a riga di comando mentre i parametri di configurazione possono essere salvati in un apposito file testuale.

Si tratta sicuramente di una soluzione molto valida, ma poco indicata per chi è alle prime armi.

# Cudo Miner

Cudo Miner (https://www.cudominer.com) si definisce una piattaforma che consente il mining automatizzato, riducendo al minimo indispensabile la configurazione manuale e l'intervento dell'utente, il tutto senza perdere redditività. Questa soluzione include un'applicazione desktop e una web console dedicata per il monitoraggio, la gestione remota e l'ottimizzazione. L'installazione è semplice e veloce e permettere a chiunque di iniziare a minare senza difficoltà; tuttavia, il software dispone di caratteristiche evolute, essenziali per i minatori professionisti.

Il suo particolare algoritmo ti consente di estrarre sempre la moneta più redditizia in base alla tua potenza di calcolo. Grazie a costanti analisi sul valore e sulla difficoltà di estrazione delle diverse monete, Cudo Miner è in grado cambiare automaticamente le impostazioni di mining così da fornire sempre la massima redditività.

Le impostazioni avanzate offrono gli strumenti necessari per overcloccare le tue GPU e aggiungere ottimizzazioni preimpostate per ogni algoritmo di hashing.

Le funzioni di overclocking, inoltre, possono essere regolate in base al costo dell'energia elettrica così da ottimizzare l'investimento.

Ben curata la console web che permette di gestire da remoto ogni aspetto dei tuoi miner, monitorando prestazioni, integrità, alimentazione e, ovviamente, i guadagni.

L'applicazione è disponibile per computer dotati di Windows, Linux e Cudo OS, un sistema operativo sviluppato dalla stessa software house per minimizzare il dispendio delle risorse hardware e ottimizzare lo sfruttamento della GPU.

## UnMinable

Ottimo trampolino di lancio per i neofiti, unMineable (https://unmineable.com) è una piattaforma che consente di minare un gran numero di criptovalute partecipando alle sue mining pool in maniera estremamente semplice e veloce.

Grazie alla sua pratica applicazione, denominata "unMineable Miner", attualmente compatibile con sistemi Windows 10 e 11, è possibile essere immediatamente operativi senza disporre di particolari conoscenze.

Ti basterà scegliere il processore da sfruttare tra CPU e GPU, dunque indicare la criptovaluta e il relativo indirizzo del wallet su cui accreditare i guadagni.

Un'altra particolarità di unMineable risiede nella possibilità di sfruttare il proprio PC per ottenere criptomonete convenzionalmente non minabili attraverso la PoW, come, ad esempio, SOL o EOS. Questo è possibile grazie a un sistema che converte in maniera automatica le ricompense ottenute attraverso il proprio hashrate condiviso con la pool.

## Kryptex

Disponibile esclusivamente per sistemi Windows, Kryptex (https://www.kryptex.com) riesce a mettersi in evidenza per il design ben curato della sua interfaccia. Cosa abbastanza rara per questo genere di applicazioni che solitamente dispongono di una GUI (Graphical User Interface) piuttosto spartana.

La raffinatezza dei menu non ha solo una valenza estetica ma si ripercuote anche sull'utilizzo che risulta molto semplice e intuitivo.

Dopo aver effettuato il download del software dal suo sito ufficiale, potrai procedere con la registrazione del tuo account. Completata l'installazione, ti basterà loggarti con le tue credenziali e avviare il programma per iniziare automaticamente a minare Bitcoin per la pool di Kryptex.

Raggiunta una certa somma, potrai richiedere il pagamento del saldo accumulato, oltre che in BTC, anche in ETH o denaro in valuta fiat.

## Staking pool

Come ormai ben sai, il concetto di mining è strettamente legato alla PoW: il nodo che per primo, attraverso complessi calcoli crittografici, riesce a risolvere la cosiddetta "prova di lavoro" minando correttamente un nuovo blocco di transazioni, ottiene una ricompensa.

Le più moderne criptovalute basate sull'algoritmo PoS, invece, per validare le transazioni non hanno bisogno di elevate capacità di calcolo ma richiedono ai nodi di bloccare le proprie monete mettendole in "stake". In genere, il protocollo assegna casualmente a uno di loro il diritto di validare il prossimo blocco ottenendo come ricompensa una commissione sulle sue transazioni. In questo caso la probabilità di essere scelti è proporzionale alla quantità di monete che si possiedono: più monete hai, più alte saranno le possibilità di validare il prossimo blocco.

Anche questa soluzione, purtroppo, finisce necessariamente per tagliare fuori gli utenti comuni. L'eventualità che il nodo di un piccolo risparmiatore venga selezionato per validare un blocco è parecchio ridotta e potrebbe richiedere anche diversi anni.

Ciò nonostante, in maniera analoga alle mining pool, anche in questo contesto gli utenti meno incisivi possono allearsi tra loro grazie alle staking pool. Simili piattaforme consentono loro di fare cassa comune delle proprie monete, aumentando notevolmente la loro "staking power" e di conseguenza la probabilità di essere scelti per la validazione di nuovi blocchi.

Pure in questo caso le ricompense verranno equamente divise tra i vari partecipanti, di solito in modo proporzionale alla quantità di monete offerte in stake.

**DEFINIZIONE** Una staking pool è una piattaforma che consente a più utenti di unire le proprie monete in staking, così da aumentare le probabilità di essere selezionati come validatori in una blockchain PoS.

Per quanto non siano indispensabili profonde competenze tecniche, partecipare a una staking pool richiede comunque un'attenta analisi e la consapevolezza di un certo margine di rischio.

Innanzitutto, è importante valutare la quantità di tempo minima di stake richiesta dalla pool. Durante tutto questo periodo i tuoi asset risulteranno praticamente bloccati e non potrai più avervi accesso fino allo scadere dello staking. Il pericolo è che, qualora il loro valore dovesse crollare, potresti non avere modo di rivenderli in tempo per limitare le perdite.

Dovrai poi tener conto del tasso d'interesse che maturerai in relazione al tempo di staking. Questo viene comunemente indicato con una cifra che rappresenta il "rendimento annuale percentuale", detto "APY" (Annual Percentage Yield). Più questa cifra è alta, maggiori saranno i tuoi guadagni.

Ti consiglio, infine, di porre particolare attenzione all'approccio adottato dalla piattaforma per la condivisione delle tue monete. Ad esempio, potrebbe esserti richiesto di affidare i tuoi asset a terzi attraverso degli specifici smart contract, una scelta che potrebbe rivelarsi estremamente azzardata in termini di sicurezza.

Per questo genere di operazioni, una piattaforma che ha guadagnato nel tempo una certa autorevolezza è il software wallet Exodus (cfr. il capitolo Wallet ed exchange).

Tra le sue applicazioni aggiuntive è possibile installare l'app Rewards che ti consente di mettere in stake diverse criptovalute PoS come SOL, ADA, Cosmos o Tezos.

# NFT: TOKEN NON FUNGIBILI

**" HEY, LOOK, IT'S A MONKEY!**

*Vitalik Buterin, creatore di Ethereum*

## Cosa sono gli NFT

Per comprendere cosa sono gli NFT bisogna prima di tutto chiarire il concetto di fungibilità. Un asset è definito fungibile se questo può essere sostituito con un altro suo pari, identico e senza alcuna differenza. Ad esempio, tutte le valute legali sono fungibili. Sono ritenuti tali anche beni come un barile di petrolio, una chilogrammo di farina o un'oncia d'oro. La fungibilità si riferisce, quindi, a quei beni le cui singole unità sono intercambiabili e sostanzialmente indistinguibili tra loro. Inoltre, tali unità sono spesso divisibili in ulteriori sottounità anch'esse fungibili. Una bottiglia di vino da un litro equivale a due bottiglie da 500 centilitri.

Anche nell'ambito delle criptovalute, ogni FT (Fungible Token) è uguale a ogni altro del suo genere e risulta reciprocamente sostituibile. Se chiedi in prestito 1 BTC, potrai restituire un qualsiasi altro BTC. Eventualmente potresti chiedere alla persona con cui sei in debito di risarcirlo in 2 rate da 0,5 BTC, questo proprio perché i token fungibili sono divisibili.

In maniera diametralmente opposta, un bene definito non fungibile risulta unico nel suo genere e, quindi, non ha suoi simili con il quale possa essere intercambiabile senza evidenti differenze.

Pensiamo all'acquisto di un preciso modello di automobile con un determinato colore della carrozzeria e specifici optional e customizzazioni. Non sarebbe assolutamente ammissibile se all'atto della consegna ti assegnassero le chiavi di un'auto diversa da quella che hai ordinato. Già il solo design dei cerchioni, se diverso da quello da te scelto, basterebbe per riconoscere che non si tratta della tua automobile. Per quanto simili, non puoi scambiare la tua auto con qualsiasi altra in circolazione.

Le opere d'arte sono un altro esempio di beni non fungibili: nel mondo esiste un solo e unico dipinto della Gioconda di Leonardo da Vinci. Qualora dovesse spuntarne fuori una seconda copia si tratterebbe indubbiamente di un falso.

In questo contesto, un NFT, cioè un token non fungibile, è una speciale tipologia di token crittografico che rappresenta qualcosa di unico. Gli NFT non sono pertanto reciprocamente intercambiabili né divisibili in sottounità.

Da un punto di vista tecnico, ogni NFT deve necessariamente sottostare a determinate regole:

- ogni NFT è unico;
- ogni NFT è indivisibile, cioè non è possibile possedere una porzione di NFT;
- ogni NFT ha un ID univoco, tale per cui la coppia indirizzo contratto-token ID sia unica all'interno dell'ecosistema di riferimento (la blockchain).

Essenzialmente, in assenza di queste tre proprietà non è possibile parlare di NFT. Ciò che rende non fungibili questi token sono proprio i concetti di unicità (non possono esisterne copie), scarsità (il loro numero è limitato e noto) e indivisibilità (possono essere posseduti solo interamente).

**DEFINIZIONE** Gli NFT sono dei "certificati digitali" basati sulla tecnologia blockchain che identificano in modo univoco, insostituibile e non replicabile la proprietà e l'attendibilità di un asset digitale.

Qualsiasi informazione digitale può essere coniata (minted) all'interno di un NFT[1]. Immagini, foto, video, testi o addirittura musica e canzoni possono essere registrati all'interno di una blockchain sotto forma di token digitale.

Come hai già visto nel paragrafo Standard dei token del capitolo Altcoin: Ethereum e le altre principali criptovalute, esistono diversi protocolli che permettono di coniare un NFT. Attualmente i più diffusi sono l'ERC-721 e l'ERC-1155, entrambi compatibili con la blockchain di Ethereum o il suo network layer 2 Polygon.

In maniera analoga ai token fungibili come BTC o ETH, i diritti di un determinato token non fungibile sono associati all'indirizzo del wallet del suo legittimo proprietario.

## Modalità di utilizzo

Il processo di tokenizzazione di un bene consente a questo di essere rappresentato attraverso un asset digitale unico e verificabile in qualsiasi momento. I settori e gli ambiti di applicazione di questa tecnologia sono molteplici e in continuo aumento. Di seguito alcuni esempi.

– Proprietà intellettuale: gli NFT possono rappresentare qualsiasi opera d'arte. Un dipinto, una fotografia, una canzone, un brevetto o

---

[1] Si noti che "coniare" viene tradotto dall'inglese "to mint". Come spesso accade con i termini tecnici di origine anglofona, negli articoli online ti capiterà spesso di leggere la sua versione italianizzata "mintare"

qualunque altro lavoro tutelato dai diritti d'autore. La tokenizzazione consentirà agli autori di salvaguardare le loro opere da sfruttamenti non autorizzati, garantendo che gli vengano riconosciute le royalty dovute.

– Certificati: certificati di nascita o di morte, attestati accademici, licenze o assicurazioni sono tutti documenti che possono beneficiare dei token al fine di garantirne l'autenticità. Tale tecnologia sta permettendo anche lo sviluppo della cosiddetta "Self-Sovereign Identity", un evoluto modello per il controllo d'identità digitale che consente all'utente il pieno dominio dei suoi dati e delle informazioni da condividere.

– Gaming: nel settore dei videogiochi gli NFT diventano oggetti da collezione digitale o gadget utilizzabili negli scontri online come particolari armi, skin o altri accessori. Il concetto di unicità ne aumenta a dismisura l'esclusività e il valore, da un punto di vista funzionale e artistico.

– Real estate: immobili, veicoli e altre proprietà di valore possono essere tokenizzate per semplificarne i passaggi di proprietà e la vendita. Attualmente, infatti, anche nei paesi più avanzati dal punto di vista digitale, i registri degli immobili e dei terreni sono centralizzati in quanto gestiti da enti pubblici. Questo vieta che le transazioni immobiliari possano concludersi direttamente tra le parti interessate, obbligando il ricorso ad autorità di regolamentazione e notai. In tale contesto, la blockchain si proporrebbe come un vero e proprio catasto digitale che, grazie agli NFT, svolgerebbe le funzioni di un registro di proprietà decentralizzato e immutabile.

– Documenti finanziari: fatture, ordini, documenti di trasporto e bollette possono essere trasformati in NFT in modo da attestarne la validità in maniera efficiente e veloce. Immagina di scansione un semplice codice QR attraverso un dispositivo in grado di connettersi alla blockchain, così da dimostrare in pochi istanti la legittimità di un documento.

## MetaMask

Esattamente come per i token fungibili quali potrebbero essere quelli di Bitcoin, Litecoin o Dogecoin, anche i token non fungibili devono essere associati a una chiave pubblica custodita in un wallet per poterne acquisire e gestire la proprietà.

Non tutti i wallet di criptovalute sono predisposti per gestire gli NFT, altri potrebbero esserlo solo per determinate blockchain.

Tuttavia, per connettersi in comodità tra le varie piattaforme e i servizi di NFT, optare per un wallet di tipo software rappresenta sicuramente la soluzione più comoda. In questo ambito, il più diffuso è MetaMask (https://metamask.io). Si tratta di un hot wallet non-custodial in grado di gestire i principali standard di token (ERC-20, ERC-712, ERC-1155), disponibile come plugin per browser web quali Chrome, Firefox, Edge e Brave. Questa particolare estensione funge praticamente da mediatore tra il proprio software di navigazione, la blockchain di Ethereum e le applicazioni decentralizzate costruite di essa.

Integrandosi alla perfezione con il browser, il wallet si attiva automaticamente visitando il sito di un marketplace o di qualsiasi altra DApp, permettendo di effettuare il login e gestire i propri acquisti. MetaMask è disponibile anche per dispositivi mobili iOS e Android.

**Figura 9.1** – Logo di Metamask.

**IN PRATICA**  Recandoti sulla home del sito di MetaMask verrai subito accolto dalla sua simpatica mascotte rappresentata dalla testa di una volpe dai tratti tridimensionali. Da qui potrai effettuare il download del plugin compatibile per il browser che preferisci (di norma verrà automaticamente riconosciuto quello che stai già utilizzando). Completata l'installazione e attivato il plugin, verrai indirizzato sulla homepage di configurazione dove potrai creare un nuovo portafoglio o importarne uno già esistente.

Optando per la creazione di uno nuovo, ti verrà richiesto di scegliere una password e di seguito ti verrà fornito il seed della "secret recovery phrase": si tratta della frase segreta di backup per ripristinare il tuo account in caso di emergenza. La prassi è esattamente la stessa dei comuni wallet: va custodita con cura in un luogo segreto perché chiunque attraverso questa potrà avere pieno controllo del tuo wallet e dei tuoi token.

Completata la procedura ti troverai davanti alla schermata principale del wallet con la possibilità di copiare e condividere con terzi il tuo indirizzo, comprare, inviare o scambiare i tuoi asset. Dalla stessa posizione avrai sotto controllo il tuo patrimonio Ethereum con il saldo in ETH e la lista dei tuoi NFT.

È possibile tornare su tale schermata in qualsiasi momento cliccando sull'icona di MetaMask visibile sulla barra degli strumenti del browser.

Di default, MetaMask è configurato per Ethereum ma potrai aggiungere anche altre blockchain entrando in "Impostazioni" e selezionando le voci "Reti" e "Aggiungi Rete". Ad esempio, volendo configurare la blockchain layer 2 Polygon dovrai inserire i seguenti parametri e salvare la configurazione:

> Nome: Rete Polygon
> Nuovo RPC URL: https://polygon-rpc.com
> Chain ID: 137
> Currency Symbol: MATIC
> Block Explorer: https://polygonscan.com.

# Piattaforme di scambio

Un marketplace di NFT è una piattaforma digitale che consente l'acquisto e la vendita di token non fungibili, in cambio di una piccola commissione sul prezzo di vendita.

Queste piattaforme consentono alle persone di archiviare e visualizzare i propri NFT oltre a venderli a terzi in cambio di criptovalute o denaro in valuta fiat. Alcune di queste, inoltre, permettono agli utenti di coniare i propri NFT su blockchain come Ethereum o altre di proprietà della stessa piattaforma.

I token possono essere messi in vendita indicando un prezzo fisso oppure una base d'asta. Completato l'acquisto di un token, il marketplace provvederà a registrare sulla blockchain l'indirizzo del wallet nuovo proprietario.

Tra le principali piattaforme NFT che meritano menzione, troviamo sicuramente OpenSea, Nifty Gateway, Binance NFT, Rarible e SuperRare.

## OpenSea

Lanciata nel 2017, OpenSea (https://opensea.io) è stata la prima piattaforma a rendere mainstream il trading NFT, raggiungendo oltre un milione di utenti dal suo lancio.

OpenSea permette a chiunque di coniare l'NFT delle proprie opere in pochi semplici click, sia sul network di Ethereum, sia sul suo layer 2 Polygon dove i costi del Gas risultano drasticamente più bassi.

Una delle migliori caratteristiche della piattaforma è rappresentato dal supporto a oltre 150 criptovalute come metodo di pagamento. Ciò rende semplice per gli investitori acquistare e vendere NFT utilizzando il saldo crittografico che preferiscono. In termini di costi, OpenSea addebita una commissione di transazione del 2,5% ai venditori quando il loro articolo viene venduto, senza costi per l'acquirente (a parte le commissioni standard del network). Attualmente il marketplace supporta 16 differenti wallet ma tieni presente che non è possibile utilizzare valute legali come l'euro o il dollaro.

In breve, OpenSea è sicuramente una valida alternativa per i principianti che desiderano iniziare la compravendita di NFT con una vasta scelta e un gran numero di opzioni.

## Nifty Gateway

Nifty Gateway (https://www.niftygateway.com) è un marketplace che si concentra su drop di NFT considerati "premium", quindi decisamente costosi ed esclusivi. La piattaforma presenta un'ampia varietà di artisti e creativi celebri, e in passato ha presentato opere provenienti da nomi importanti del calibro di Steve Aoki e Grimes. Poiché questi NFT sono molto ricercati, la selezione di Nifty Gateway è più adatta agli investitori di fascia alta.

Nifty Gateway fa parte di Gemini, l'exchange di criptovalute fondato dai Winklevoss twins (Cameron e Tyler). I residenti negli Stati Uniti possono acquistare utilizzando la propria carta di credito, mentre tutti gli altri al momento posso ricorrere alle criptovalute custodite all'interno dell'account Gemini. La piattaforma addebita una commissione del 5% al venditore di ogni NFT e una commissione di transazione di 0,30 dollari.

## Binance NFT

Binance (https://www.binance.com/it/nft), uno dei più grandi exchange di criptovalute, si è aperto al mercato degli NFT nel 2021. In qualità di importante player nel settore crittografico, Binance presenta il vantaggio di coniare token sulla propria blockchain. Oltre a Ethereum, il Binance NFT marketplace offre anche NFT registrati sulla Binance Smart Chain garantendo una vasta selezione di asset negoziabili. Questo, inoltre, consente agli utenti di coniare i propri NFT a costi molto bassi da pagare in BNB, il token nativo della piattaforma.

Attualmente il marketplace consente di acquistare NFT solo utilizzando criptovalute, sebbene gli utenti che non possiedono valuta digitale possano acquistarne facilmente tramite l'exchange integrato di Binance.

L'interfaccia è facile da navigare e include una vasta gamma di token non fungibili spaziando tra svariati temi quali arte, sport, intrattenimento, videogiochi, oggetti da collezione e altro ancora. Molto interessante la funzione "Mystery Box", in cui gli utenti possono acquistare a un prezzo relativamente basso un NFT preso a caso che potrebbe rivelarsi estremamente prezioso. Un'altra cosa che apprezzerai è che se hai già un account con Binance puoi ricorrere alle stesse credenziali per utilizzare il mercato NFT.

Uno dei principali vantaggi di Binance NFT è che addebita commissioni molto basse. La piattaforma detrae solo una commissione di trading dell'1%.

## Rarible

Rarible (https://rarible.com) consente agli utenti di acquistare e vendere arte, oggetti da collezione, risorse di videogiochi e altri tipi di NFT attraverso le blockchain di Ethereum, Flow e Tezos.

Rarible addebita una commissione fissa del 2,5% su ogni transazione, più eventuali commissioni sul Gas. Una caratteristica interessante è che puoi acquistare NFT utilizzando una carta di credito, consentendo transazioni in valute legali.

La gestione della piattaforma avviene in maniera del tutto decentralizzata grazie al proprio token nativo chiamato "RARI". I detentori di RARI possono votare su decisioni aziendali come modifiche alle politiche aziendali.

Nel 2021, Rarible ha annunciato una partnership con Adobe per semplificare la verifica e la protezione dei metadati per i contenuti digitali, inclusi gli NFT.

## SuperRare

SuperRare (https://superrare.com) è un mercato artistico di fascia alta che si posiziona nell'ecosistema NFT come galleria d'arte. Questo mercato non accetta token in stile meme o dozzinali ed è altamente selettivo.

L'accurato processo di selezione delle opere in vendita consente ad acquirenti e investitori di avere maggiori garanzie sulla qualità degli NFT. Tali servizi ovviamente hanno un costo elevato. SuperRare addebita il 15% la prima volta che un NFT viene venduto sul mercato primario. C'è anche un 3% fisso di ogni transazione a carico dell'acquirente.

SuperRare potrebbe essere una buona scelta per chi cerca opere d'arte NFT di fascia alta, in particolare pezzi con uno stile più classico e dal valore molto elevato.

# Come creare e vendere un NFT

Non devi necessariamente essere un'artista affermato per coniare un tuo personale NFT o perfino dar vita a una collezione. In generale, qualsiasi tipo di file può essere registrato nella blockchain sotto forma di token. Ad esempio, potresti tokenizzare le foto che hai scattato con il tuo smartphone così da venderne i diritti.

Per quanto questo possa sembrarti strano, sappi che c'è chi in tal modo è riuscito a guadagnare cifre importanti.

Nel gennaio del 2022, l'indonesiano noto con lo pseudonimo Ghozali Ghozalu è riuscito a racimolare circa 1 milione di dollari vendendo gli

NFT dei suoi 933 selfie scattati tra i 18 e i 22 anni di età per immortalare il suo periodo universitario[2].

Oggi il suo scatto numero 528 su OpenSea ha raggiunto un valore di oltre 2,8 milioni di dollari.

Scommetto che ora stanno iniziando a solleticarti diverse idee su come sfruttare questa tecnologia…

Si tratta ovviamente di casi limite. In esempi come questo è l'hype e la grande risonanza mediatica che si è generata intorno al progetto a determinarne il valore. Ma nell'imprevedibile mondo del web anche le cose più scontate possono riuscire ad attirare l'attenzione di un gran numero di persone.

**IN PRATICA**  Vediamo insieme come creare l'NFT di una propria foto grazie a OpenSea: atterrato sul sito della piattaforma, come primo step sarà necessario connettere il tuo wallet cliccando sull'icona a forma di portafogli posta in alto a destra nella barra di navigazione. Potrai selezionare il wallet che preferisci, ad esempio MetaMask andrà benissimo. Per proseguire ti verrà richiesto di firmare la richiesta di connessione cliccando sul tasto "Firma" e di accettare termini e condizioni del servizio. Completata la procedura, il tuo wallet dovrebbe essere correttamente connesso alla piattaforma e potrai iniziare e vendere e acquistare i tuoi token.

A questo punto, ti basterà cliccare sul link "Create" sulla barra di navigazione per avviare la procedura che andrà a generare il tuo personale token non fungibile.

Dalla schermata "Create New Item" dovrai innanzitutto selezionare l'asset che intendi tokenizzare come un file d'immagine, audio, video o modello

---

[2] Cfr. V. Lento, *Questo ragazzo ha guadagnato 1 milione di dollari vendendo i suoi selfie come NFT*, https://it.mashable.com/7005/un-milione-dollari-vendendo-selfie-come-nft

3D. Il file non deve superare le dimensioni di 100 mega, mentre i formati supportati sono: JPG, PNG, GIF, SVG, MP4, WEBM, MP3, WAV, OGG, GLB, GLTF.

Dovrai, quindi, dare un nome al tuo token e, volendo, potrai aggiungere una descrizione del file e il link a un sito esterno dove fornire maggiori spiegazioni relative al progetto.

In caso si tratti del primo di una serie di file, potrai anche associarlo a una collezione di tua proprietà (puoi creare una collezione sulla voce "My Collection" dal menu del tuo account).

Puoi ignorare i campi "Properties", "Levels" e "Stats": questi servono ad attribuire particolari caratteristiche al tuo NFT, utili qualora tu stia dando vita a una serie di collezionabili.

Infine, dovrai selezionare la quantità dei token che vuoi generare, in questo caso 1, e la blockchain di riferimento tra Ethereum, Polygon, Klaytn o Solana. Nei tuoi test ti consiglio vivamente di ricorrere a Polygon in quanto non richiede costi di Gas per effettuare la transazione del token sul tuo wallet. In questo caso ricordati di aggiungere preventivamente la rete Polygon al tuo wallet MetaMask (cfr. il paragrafo MetaMask in questo capitolo).

Cliccando sul tasto "Create", dopo qualche secondo d'attesa avrai finalmente coniato il tuo primo NFT.

Ora per metterlo in vendita ti basterà cliccare su "Sell". Verrai riportato alla schermata dedicata alla creazione di una nuova inserzione. Inserisci il prezzo di vendita in ETH e imposta la durata dell'inserzione.

Per concludere, clicca su "Complete Listing": si aprirà una schermata per la convalida dell'operazione. Trattandosi della tua prima operazione su OpenSea, potrebbe esserti richiesto di cliccare su "Unlock" e di accettare una transazione di conferma senza alcun valore per abilitare il tuo wallet alla vendita. Per completare l'opera, clicca su "Firma" dalla schermata di MetaMask in modo da firmare la messa in vendita del tuo NFT.

# Le principali collezioni

Il mondo degli NFT si sta evolvendo a una tale velocità che neanche gli esperti più ottimisti potevano prevedere. Il settore che per ora grazie a questa tecnologia sta vivendo un momento aureo è sicuramente quello dell'arte. Una rivoluzione che sta sensibilmente incidendo non solo sulla gestione del copyright e dei diritti di vendita e di utilizzo, ma anche sotto l'aspetto puramente artistico, ispirando nuove metodologie per la creazione e la fruizione delle opere.

Grazie al concetto di scarsità e di esclusività, alcune collezioni hanno raggiunto in breve tempo un'incredibile risonanza mediatica, innescando un giro d'affari da trilioni di dollari.

# CryptoKitties

CryptoKitties (https://www.cryptokitties.co) è il primo gioco basato sulla blockchain di Ethereum. Sviluppato dallo studio canadese Dapper Labs, consente ai giocatori di acquistare, allevare e vendere gatti virtuali da collezione. Lanciato nel novembre 2017, dopo solo un mese di attività la popolarità del gioco crebbe a tal punto da causare un'importante congestione della rete di Ethereum.

Ogni gatto virtuale presenta un proprio genoma basato su 256 bit, con un suo DNA che si articola in 12 differenti attributi, chiamati "cattributes", alcuni dei quali possono essere ereditati dalla prole. Tra questi troviamo la forma del corpo, degli occhi, delle orecchie e della bocca, il tipo di pelliccia, le trame del manto e altre caratteristiche piuttosto singolari e rare da trovare.

Partecipare al gioco è molto semplice. Per iniziare è sufficiente recarsi sul sito ufficiale di CryptoKitties, collegare il proprio wallet MetaMask dove depositare gli NFT e acquistare uno o più gattini dal marketplace del sito. In seguito all'acquisto, i token NFT relativi ai tuoi CryptoKitty vengono trasferiti nel wallet che hai indicato in fase di registrazione garantendoti di esserne l'unico esclusivo proprietario.

Dunque, potrai scegliere di farli accoppiare dando così vita altri gattini dai tratti quanto più unici e originali. In tal modo potrai iniziare a collezionarli oppure decidere di venderli in cambio di ETH.

Di norma il loro valore è molto basso ma gli esemplari più esclusivi possono raggiungere cifre da capogiro. Nel 2018, ad esempio, un particolare CryptoKitty dotato di una coda simile a quella di un drago è stato venduto per l'esorbitate cifra di 600 ETH, un valore che al tempo equivaleva a circa 170.000 dollari.

Il gioco consiste proprio nel cercare di dar vita a gattini dagli attributi quanto più rari i quali possono arrivare a valere anche centinaia di ETH. Il loro prezzo, infatti, varia a seconda del mercato. L'utente può comunque impostare un prezzo iniziale, destinato a scendere fino al termine dell'asta o finché un altro utente non procede all'acquisto.

## CryptoPunks

CryptoPunks (https://cryptopunks.app) è un progetto dello studio newyorkese Larva Labs, nato nel 2017 dalle menti di Matt Hall e John Watkinson.

La coppia di sviluppatori ha realizzato un software in grado di generare automaticamente migliaia di avatar sotto forma di NFT sulla blockchain di Ethereum.

Ogni CryptoPunk è un pezzo unico da collezione che in uno spazio di 24 × 24 pixel raffigura personaggi dall'aspetto cyberpunk con uno stile che ricorda i vecchi videogame 8 bit.

L'intera collezione è composta precisamente da 10.000 diversi NFT, di cui 6.039 di sesso maschile, 3.840 di sesso femminile e i restanti non identificati. La maggior parte di questi rappresenta soggetti umani ma esistono anche altre categorie particolarmente ambite per la loro rarità:

troviamo 88 zombi, 24 scimmie e 9 ambitissimi alieni. Ognuno di questi può avere da 0 a 7 attributi, ma ne esiste uno solo con 7 accessori: il CryptoPunk numero 8.348, quotato 60.000 ETH nel gennaio 2021, pari a circa 171 milioni di dollari con il cambio dell'epoca.

Inizialmente parte della collezione era stata rilasciata gratuitamente e i singoli avatar potevano essere riscattati da chiunque avesse un portafoglio Ethereum. Durante il rilascio iniziale, gli unici costi da sostenere per ottenere un CryptoPunk erano quelli delle commissioni del Gas di Ethereum, all'epoca drasticamente inferiori rispetto a oggi a causa sia dello scarso utilizzo della blockchain di Ethereum che dell'esigua conoscenza del progetto.

L'11 marzo 2022 i diritti di CryptoPunks sono stati acquisiti da Yuga Labs, società già nota nel campo degli NFT per il famoso progetto Bored Ape Yacht Club. Nel maggio dello stesso anno l'intero marketplace è stato spostato sul nuovo sito web di proprietà di Yuga Labs.

## Bored Ape Yacht Club

Bored Ape Yacht Club (https://boredapeyachtclub.com) è una collezione di 10.000 token non fungibili rilasciata nell'aprile 2021 da Yuga Labs. Ogni NFT della collezione rappresenta l'immagine di una scimmia, generata dalla combinazione di 170 caratteristiche scelte in maniera randomica dall'algoritmo.

I concetti di combinazione e rarità sono molto simili a quelli dei CryptoPunks. Ogni scimmia presenta un numero univoco di identificazione e risulta formata dall'unione di un minimo di 4 fino a un massimo di 7 caratteristiche diverse che le conferiscono aspetto e atteggiamenti unici: sfondo, abbigliamento, bocca, occhi, orecchi, pelliccia, cappello.

Secondo il sito ufficiale di Bored Ape Yacht Club, la collezione NFT è stata creata da quattro amici che "hanno deciso di creare alcune scimmie stupefacenti, testare le proprie abilità e provare a costruire qualcosa (di ridicolo)".

Il progetto, tuttavia, non si limita al collezionismo. I proprietari di un NFT di questa collezione infatti, guadagnano l'accesso a un club online privato che consente di partecipare a eventi esclusivi anche di persona, oltre alla proprietà intellettuale dei diritti per l'immagine relativi alla propria scimmia.

Tra i privilegi dei soci troviamo l'accesso a una particolare area online definita "The Bathroom". Si tratta di una stanza da bagno virtuale in cui a ogni membro è permesso di dipingere per 15 minuti sulle sue pareti per dar vita al primo "esperimento artistico collaborativo per la criptosfera". "Come in ogni buon bagno da bettola, questo è il posto per disegnare, scarabocchiare o scrivere imprecazioni".

Nel 2022, le vendite dei Bored Ape Yacht Club hanno totalizzato oltre 1 miliardo di dollari e varie importanti celebrità del calibro di Madonna, Justin Bieber, Eminem e Paris Hilton sono entrate a far parte del club.

Sulla base della collezione Bored Ape, nell'agosto 2021 è stata lanciata, inoltre, una particolare serie spin off composta da 20.000 immagini di scimmie mutanti che ha dato vita al il Mutant Ape Yacht Club.

Il lancio consisteva in un airdrop di sieri mutanti a tutti i possessori di Bored Ape, consentendo loro di coniare gratuitamente una versione mutante della propria scimmia. Ulteriori 10.000 Mutant Ape originali sono state rilasciate all'asta con un'offerta base a partire da 3 ETH, generando introiti per svariati milioni di dollari.

## Sorare

Nata nel 2018, la startup di Sorare (https://sorare.com) ha sviluppato un videogioco di calcio manageriale in cui più di 600.000 utenti nel mondo possono collezionare le carte dei loro calciatori preferiti e schierare la propria formazione con cui competere in diversi tornei online.

Ogni squadra dispone di un totale di cinque titolari (un portiere, un difensore, un centrocampista, un attaccante e un ultimo calciatore di movimento a propria scelta) e i risultati vengono decretati a seconda delle reali prestazioni in campo degli atleti.

All'inizio di ogni stagione online, vengono coniate diverse tipologie di card: 1.000 carte Limited, 100 carte Rare, 10 carte Super Rare e una singola carta Unica. Queste vengono diffuse all'interno del marketplace in cui i giocatori online possono procedere allo scambio e alla compravendita dei calciatori. Le card erogate sotto forma di NFT hanno un valore che varia in base al rendimento del giocatore e alla loro esclusività.

Oltre alla compravendita delle card, attraverso il gioco gli utenti possono guadagnare ETH anche vincendo determinate competizioni.

# Come verificare l'autenticità di un NFT

Come distinguere una banconota originale da una contraffatta? Un diamante vero da uno falso? In questi casi, senza gli adeguati strumenti tecnologici, le persone comuni potrebbero facilmente cadere in inganno.

Fortunatamente, la tecnologia NFT, invece, permette anche a un occhio meno esperto di verificare l'autenticità di un token in maniera relativamente semplice, benché non priva di possibili tranelli.

Attingendo direttamente alle informazioni registrate nella blockchain, di norma tutte le piattaforme di compravendita mettono a disposizione dell'utente svariate informazioni indispensabili per identificare l'origine di un NFT. Dando per scontata la correttezza dei dati riportati, è preferibile effettuare un controllo incrociato su diversi siti così da individuare eventuali manomissioni.

La prima cosa da verificare è sicuramente l'indirizzo del Contract Creator, ovvero dello smart contract che ha coniato il token non fungibile. Tramite i registri distribuiti è possibile non solo conoscere l'indirizzo dell'attuale proprietario, ma anche risalire a ritroso a tutti i precedenti possessori fino ad arrivare al suo stesso creatore.

La blockchain, quindi, tiene traccia della firma dell'autore e inoltre, grazie alla sua natura immutabile, ne garantisce al tempo stesso l'autenticità.

Oltre l'indirizzo del contratto che ha generato la collezione, all'interno di ogni token è registrata una serie di metadati come il token ID, la blockchain sulla quale è stato coniato l'NFT e lo standard utilizzato come ERC-721 o ERC-1155.

Tra queste informazioni troviamo pure lo status del token che può risultare "centralized" o "frozen" ("congelato"), fornendoci un importante campanello d'allarme. Nel caso in cui lo stato risultasse congelato, potrebbero esser state segnalate attività sospette che ne vieterebbero la vendita e il trasferimento.

Il mercato degli NFT resta comunque un terreno estremamente fertile per gli "scammer", truffatori online che, cercando in ogni modo di propinare token non originali o relativi a progetti spazzatura, mettono in atto delle vere e proprie frodi a danno degli utenti meno esperti.

Qualora decidessi di investire in questo settore, visti i costi tutt'altro che irrisori della maggior parte dei pezzi da collezione, ti consiglio di prestare sempre la massima attenzione e di valutare con cautela l'attendibilità del venditore.

# Vendite milionarie

Abbiamo già ribadito più volte l'elevata volatilità dei criptoasset, ovvero l'estrema facilità con cui il loro valore può facilmente subire variazioni. Rispetto alle più affermate criptovalute, con gli NFT questo fenomeno risulta ancor più marcato. Il loro valore, infatti, è legato indissolubilmente all'opera che rappresentano e non alla criptovaluta attraverso la quale si garantisce la governance della blockchain. Per tale motivo sarebbe inappropriato applicare loro modelli come lo S2F o la legge Metcalfe (cfr. il capitolo Cosa sono le criptovalute).

Sebbene gli NFT possano essere scambiati su piattaforme che mettono in contatto gli acquirenti con i venditori, il loro valore non è matematicamente quantificabile prima dell'effettiva compravendita.

Al di là che si tratti di una nuova forma di mercato destinata a perdurare o di una bolla pronta a esplodere, la bontà della tecnologia non è certo messa in discussione. Ma da un punto di vista puramente commerciale, a oggi i pareri degli esperti in merito al business degli NFT sono diametralmente opposti e solo il tempo darà ragione all'una o all'altra fazione. Quel che è certo è che, almeno per il momento, l'impennata dei proventi generati dalla loro compravendita ha raggiunto cifre inimmaginabili.

Secondo l'agenzia di stampa britannica Reuters, nella prima metà del 2021 i token non fungibili hanno raggiunto un volume di vendita pari a 2,5 bilioni di dollari[3].

È chiaro che l'interesse degli NFT non si riduce ai soli collezionabili in forma digitale. Le più svariate opere d'arte e d'ingegno hanno trovato una fruttuosa applicazione del processo di tokenizzazione.

Un NFT contenente le oltre 10.000 linee di codice sorgente del primo server web progettato dallo stesso Tim Berners-Lee è stato venduto per 4,5 milioni di dollari. Sempre nel 2021, il fondatore di Twitter, Jack Dorsey, ha venduto per 2,9 milioni di dollari l'NFT raffigurante il suo primo post sul social network risalente al 21 marzo 2006. Addirittura, l'immagine del meme diventato virale con il nome "distaste girl" (che

---

[3] Cfr. E. Howcroft, *NFT Sales Volume Surges to $2.5 Bln in 2021 First Half,* https://www.reuters.com/technology/nft-sales-volume-surges-25-bln-2021-first-half-2021-07-05

raffigura una bambina dal sorriso soddisfatto mentre va a fuoco una casa) è stato venduto per 500.000 dollari.

Ma è nell'arte che le vendite raggiungono cifre da record.

L'opera Everyday dell'artista digitale Mike Winkelmann, in arte Beeple, è stata battuta all'asta per 69,3 milioni di dollari. Il token raffigura un college di oltre 5.000 immagini create e condivise dall'artista negli ultimi tredici anni, che rappresentano la progressione della tecnologia.

La sua nuova creazione intitolata Human One[4] ha raggiunto i 28,9 milioni di dollari. Il nuovo pezzo, che è accompagnato da un token non fungibile, è la prima opera fisica firmata da Beeple. Si tratta di una scultura di oltre 2 metri caratterizzata da una serie di schermi LED 16K che mostrano una figura umanoide, simile a un'astronauta, la quale si muove all'interno di uno scenario dall'aspetto a cui si accede attraverso la blockchain di Ethereum. Beeple ha dichiarato che aggiornerà periodicamente le immagini utilizzando la blockchain, creando una "conversazione continua" tra artista e proprietario.

Secondo un post dell'importante casta d'aste britannica Christie's 21st Century Evening Sale "la nuova scultura è un'opera d'arte generativa, un pezzo ibrido fisico e digitale che cambia dinamicamente, che l'artista intende ampliare ed evolvere creativamente nel corso della sua vita".

In quest'opera il mondo fisico e digitale si incontrano e si fondono, dando vita a uno dei primi esempi di ciò che viene definito "Metaverso".

---

[4] Cfr. https://human-one.xyz

# SALTO NEL METAVERSO

 IL METAVERSO SARÀ MOLTO PIÙ PERVASIVO E POTENTE DI QUALSIASI ALTRA COSA. SE UNA SOCIETÀ CENTRALE NE OTTENESSE IL CONTROLLO, DIVERREBBE PIÙ POTENTE DI QUALSIASI GOVERNO E SAREBBE COME UN DIO SULLA TERRA.

*Tim Sweeney, fondatore di Epic Games*

## Le origini

Il Metaverso rappresenta sicuramente uno dei temi tecnologici più in ascesa. Grazie alla combinazione di una serie di nuove tecnologie, reale e virtuale si intrecciano e i loro confini non sono più così scontati e delimitati come finora siamo stati abituati a intenderli.

Spesso identificato come il successore di Internet, il Metaverso viene descritto da alcuni autori come una rete composta da mondi virtuali, collaborativi e immersivi, dove un numero illimitato di utenti può usare un avatar per interagire, lavorare, effettuare acquisti e partecipare a varie attività della vita quotidiana.

**DEFINIZIONE** Un avatar è la raffigurazione digitale delle sembianze dell'utente all'interno di community online o di videogiochi.

Quello di Metaverso è comunque un concetto ancora in evoluzione, le cui origini sono molto meno recenti di quanto si possa immaginare.

Già agli albori degli anni Novanta l'idea di realtà virtuale iniziava a diffondersi nei vari campi della sci-fi, presentandosi come la prossima terra promessa nel campo dell'informatica.

Il termine "Metaverso" è stato utilizzato per la prima volta nel libro Snow Crash, romanzo cyberpunk del 1992 scritto da Neal Stephenson. L'autore lo descrive come una sorta di realtà virtuale connessa alla rete Internet, in cui si è rappresentati in forma digitale attraverso un proprio avatar. In questo mondo la differenza tra le classi sociali è rappresentata dalla risoluzione del proprio avatar e dalla conseguente possibilità di accesso a luoghi esclusivi.

Nello stesso anno, il film Il tagliaerbe, uscito nelle sale, mostrava al mondo in maniera molto romanzata le potenzialità della realtà virtuale e degli strumenti tecnologici utili per immergersi in essa.

Sebbene decisamente rudimentali e riservati a pochi facoltosi avanguardisti, le prime attrezzature in commercio per interfacciassi fisicamente al mondo tridimensionale dei computer fecero letteralmente impazzire gli appassionati. Tuttavia, l'entusiasmo iniziale andò ben presto scemando a causa degli evidenti limiti tecnologici. Si trattava di soluzioni ancora profondamente immature, dalla risoluzione molto bassa e dai tempi di reazione ancora molto lenti. Caratteristiche, queste, che facevano insorgere giramenti di testa e nausea negli utenti, limitandone quindi l'utilizzo a sole poche decine di minuti. Anche le dimensioni e il peso di tali apparecchiature erano tutt'altro che confortevoli: basti pensare che a quei tempi ci si riferiva a esse con l'espressione "caschi virtuali".

Fortunatamente, oggi l'evoluzione e la miniaturizzazione dei componenti ci consentono di indossare ben più comodi e leggeri "visori", con una resa e una reattività delle immagini un tempo solo immaginabili.

L'idea di muoversi e interagire in un mondo totalmente virtuale e interconnesso divenne realtà solo nel 2003 con Second Life dalla società statunitense Linden Lab. Si tratta della prima piattaforma del genere a riscuotere un successo planetario, con un picco nel 2013 di un milione di utenti regolarmente connessi.

All'interno di questo mondo, gli utenti possono costruirsi una vita completamente nuova e diversa da quella reale, scegliendo le fattezze ideali del proprio avatar, costruendo la propria casa dei sogni, socializzando e vivendo esperienze di ogni genere.

Il Linden Dollar (L$) è la valuta virtuale utilizzata come moneta di scambio nell'economia di Second Life. Essa può essere impiegata per acquistare o vendere beni e servizi oppure per essere regalata ad altri residenti. Viene emessa da Linden Lab che ne stabilisce quotidianamente il tasso di cambio ufficiale con il dollaro USA.

Nonostante i validi presupposti, tuttavia anche in questo caso risulterebbe ancora prematuro parlare di Metaverso. Ma allora cosa dovremmo aspettarci, in pratica, dal Metaverso? Cosa significa "Metaverso"? E perché viene associato alle tecnologie decentralizzate?

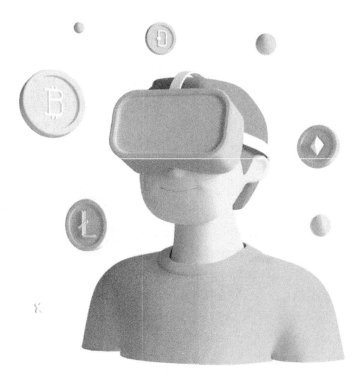

**Figura 10.1** – Ragazzo immerso nel metaverso tramite casco virtuale.

## Cosa significa "Metaverso"

Iniziamo ad analizzare l'etimologia del termine. La parola "Metaverso" deriva dall'accostamento del prefisso "meta", che letteralmente significa "oltre", inteso in questo contesto come "realtà alternativa", e il sostantivo "verso", che si riferisce all'"universo".

Si tratta, quindi, di un universo alternativo? Oppure di realtà aumentata? Entrambe e, nello specifico, nessuna delle due.

A differenza della realtà virtuale (VR, Virtual Reality o) che crea un ambiente esclusivamente digitale, la realtà aumentata (AR, Augmented

Reality) si basa sul mondo reale, arricchendolo con immagini virtuali che aumentano, appunto, l'esperienza senza influire sulle possibilità di interazione.

Dobbiamo prestare attenzione a non commettere l'errore di confondere le singole tecnologie con le loro possibili applicazioni. Realtà virtuale e realtà aumentata non rappresentano il fine, bensì il mezzo attraverso cui interfacciassi al Metaverso.

Blockchain, criptovalute e NFT, invece, sono strumenti che ci consentono di rappresentare gli asset del mondo reale all'interno del mondo virtuale e viceversa. Senza tali tecnologie, gli "oggetti digitali" non sarebbero altro che artefatti grafici, semplici pixel colorati su un display. I token, fungibili o meno, consentono quindi di dare valore alla realtà virtuale e, in un certo senso, di legittimarne l'esistenza.

Il Metaverso rappresenta, dunque, un mondo virtuale strettamente legato a quello reale, la cui fruizione nel corso degli anni avanzerà sempre più grazie al progredire delle tecnologie.

**DEFINIZIONE** Il Metaverso è una dimensione in cui il mondo reale e quello virtuale si fondono grazie alla convergenza di tecnologie di varia natura.

Non è sufficiente, pertanto, immergersi in una realtà digitale che connetta gli utenti tra loro. Questo è già possibile da tempo attraverso svariati videogiochi online. Il Metaverso mira ad assottigliare la linea di confine tra reale e virtuale, non solo attraverso dispositivi di interazione sempre più all'avanguardia come i più moderni visori stereoscopici, ma soprattutto attraverso lo scambio di asset in un mondo digitale che ormai non è più così effimero come un tempo.

In definitiva, potremmo qualificare il Metaverso come un universo tridimensionale, virtuale e digitale, nel quale le persone reali comunicano tra loro e vivono esperienze attraverso i propri avatar, ovvero delle rappresentazioni di sé stessi con cui mostrarsi, interagire e costruire comunità virtuali. Una realtà che probabilmente è più giusto definire "complementare" piuttosto che "alternativa". Il Metaverso, infatti, è un mondo virtuale che imita e integra aspetti del mondo fisico utilizzando molteplici tecnologie come la realtà virtuale, la realtà aumentata, l'intelligenza artificiale, i social media, le criptovalute e gli NFT.

# Le prime piattaforme

Grazie al diffondersi di blockchain come Ethereum e alla possibilità di creare token non fungibili, a partire dal 2020 abbiamo assistito a un'impennata delle piattaforme orientate al Metaverso.

In diversi casi di tratta di progetti di vecchia data, tornati in voga sotto nuove spoglie proprio grazie all'integrazione di tecnologie decentralizzate. Tra i più importanti portali d'accesso al Metaverso a oggi troviamo Decentraland, Sandbox, Roblox e Axie Infinity, che analizziamo nei paragrafi successivi.

Si tratta solo di alcune delle possibili primordiali rappresentazioni del Metaverso, principalmente incentrate nello sfruttare le potenzialità della blockchain.

Con il sostegno di importanti aziende tecnologiche, sono già in via di sviluppo mondi sempre più complessi, con grafiche più articolate e realistiche.

Alcuni progetti emergenti da tenere in considerazione sono Star Atlas, Metaverso di esplorazione dello spazio, conquista territoriale e vita tra le stelle basato sul token ATLAS su blockchain Solana, e Battle Infinity, piattaforma di e-sport il cui token IBAT sta riscontrando un certo interesse da parte degli investitori. In questi, come per tutti gli altri nuovi progetti, dai loro siti ufficiali è possibile seguirne la roadmap con le previsioni delle varie fasi di rilascio software e, attraverso il white paper, approfondirne i dettagli e gli obiettivi.

## Decentraland

Decentraland (https://decentraland.org) è un modo virtuale suddiviso in 90.000 "terreni" (Land), con una criptovaluta (MANA) che regola gli scambi di beni tra gli abitanti. I partecipanti possono socializzare tra loro, avviare attività commerciali e visitare luoghi particolari come musei, discoteche o parchi giochi. Alle fondamenta del progetto troviamo MANA, una criptovaluta basata su token Ethereum che consente di acquistare spazi digitali e servizi di varia natura.

Inoltre, i più facoltosi che riescono ad accumulare un elevato numero di MANA diventano di diritto membri della DAO di Decentraland, con la possibilità di valutare e proporre i nuovi sviluppi del gioco.

Un modo più strategico e impegnativo di far parte di Decentraland è attraverso l'acquisto di terreni e la costruzione di esperienze coinvolgenti. L'ambiente di sviluppo della piattaforma consente di realizzare e gestire dei veri e propri punti vendita virtuali. Si tratta di un'importante opportunità di marketing che interessa soprattutto le aziende più tecnologie e all'avanguardia.

Ad esempio, in occasione del CES (Consumer Electronics Show) 2022, Samsung ha aperto "837X", una replica del suo negozio newyorkese con tre stanze dedicate a sostenibilità, personalizzazione e connessione. All'inaugurazione, oltre a una festa con tanto di DJ set, è stato effettuato il drop di oggetti personalizzati da indossare in forma di NFT per adattare il proprio avatar.

Altre aziende come NFT Plazas, invece, stanno acquistando spazi in punti ad alta visibilità dove esporre cartelloni pubblicitari a disposizione dei grandi marchi che vogliono fare leva sul cosiddetto "Virtual Out of Home" (uscire dalla propria casa virtuale). Già oggi è facile imbattersi in manifesti di Tommy Hilfiger, Dolce & Gabbana o Chanel.

Questo genere di attività sta spingendo gli investitori su tale piattaforma, collaborando a realizzare un modo virtuale con la speranza che presto permetta di generare profitto nella vita reale.

## Sandbox

Sandbox (https://www.sandbox.game) è un videogioco che combina tecnologia blockchain, DeFi e NFT in un Metaverso 3D. L'obiettivo della piattaforma è quello di ribaltare l'idea dei videogiochi "free-to-play" con la formula "play-to-earn", dove l'utente non è più solo fruitore dei contenuti ma diventa egli stesso creatore di un mondo virtuale in continua evoluzione. La piattaforma, infatti, fornisce gli strumenti di progettazione gratuiti per la creazione di nuove esperienze e risorse digitali in forma di NFT che possono essere venduti in cambio di token SAND sul The Sandbox Marketplace.

SAND è il token nativo di Sandbox basato sulla blockchain Ethereum ed è a fondamento di tutte le transazioni e le interazioni nel gioco. È possibile ottenere SAND vincendo determinati giochi e concorsi, vendendo i propri asset, acquistandoli direttamente tramite exchange di criptovalute come Binance oppure mettendo i propri token in staking. Mettere SAND in staking è anche l'unico modo per ottenere Gems e Catalysts, elementi di gioco essenziali per la creazione di nuovi asset.

Il token ha una max supply ("offerta totale") di 3 miliardi di cui circa la metà già in circolazione secondo i dati di CoinMarketCap[1].

Il Metaverso di Sandbox è composto dai cosiddetti "Land". Si tratta di 166.464 appezzamenti di terreno digitale all'interno dei quali si svolgono tutte le attività della piattaforma.

I proprietari di Land possono affittare i propri spazi a game developer o altre tipologie di creator, permettendo loro di costruirci sopra e ottenendo in cambio rendite passive.

Il design del videogioco è interamente basato su una particolare grafica detta "Voxel-Art", fatta di piccoli cubetti e simile al noto videogame

---

[1] Cfr. https://coinmarketcap.com/currencies/the-sandbox

Minecraft. In maniera piuttosto affine, i giocatori possono progettare i propri avatar per accedere a diversi giochi, ambienti e hub della piattaforma. Per realizzare nuovi asset NFT o nuovi giochi all'interno del Metaverso, Sandbox fornisce due strumenti: VoxEdit e Game Maker.

VoxEdit è un software che consente ai giocatori di creare e animare i loro NFT basati su voxel, ossia sono piccoli mattoncini tridimensionali che combinati tra loro possono realizzare le forme più disparate – ad esempio, accessori per gli avatar come vestiti o armi – oppure progettare animali, vegetazione, strumenti di gioco e altri asset da utilizzare in Sandbox. Questi beni virtuali, quindi, possono essere importati e messi in vendita sul Sandbox Marketplace come NFT.

Game Maker, invece, permette agli utenti di creare i propri giochi 3D da lanciare all'interno della piattaforma in maniera semplice e guidata, senza la necessità di alcuna competenza in sviluppo software.

## Roblox

Con oltre 100 milioni di giocatori mensili attivi, Roblox (https://www.roblox.com) rappresenta il primo approccio al Metaverso per i giovanissimi.

Le origini del progetto risalgono al lontano 2005, molti anni prima della nascita di Bitcoin. Dopo diversi lanci senza troppe aspettative, la sua ultima versione tridimensionale ha rapidamente raccolto un elevato numero di consensi diventando un vero e proprio fenomeno nel settore del gaming.

Roblox oggi è disponibile in oltre 180 paesi e in 11 lingue diverse e la sua crescita sembra non volersi fermare. Grazie al giusto mix tra social network e videogiochi, la piattaforma sta riscuotendo un notevole impatto sui più giovani.

Dopo essersi iscritto alla piattaforma, il giocatore potrà generare il proprio avatar, il suo alter ego virtuale che muoverà all'interno dell'universo Roblox.

Il videogame consente di creare immersivi mondi 3D, dando vita a esperienze virtuali e nuovi "giochi nel gioco" realizzati degli stessi utenti. Al momento si contano oltre 20 milioni di giochi: un numero incredibile, reso possibile dal fatto che chiunque, anche un ragazzino a digiuno di nozioni di programmazione, può dare vita alle proprie idee e al proprio videogame attraverso il software Roblox Studio.

L'azienda vanta più di 2 milioni di creator – il 2% circa, quindi, dei suoi giocatori – e i giochi più popolari possono ospitare fino a un massimo di 100.000 persone contemporaneamente.

Sebbene molti utenti si limitino per puro diletto a realizzare giochi dalle dinamiche elementari o stanze virtuali in cui possono interagire con gli amici, alcuni sono stati capaci di sviluppare opere molto complesse riuscendo anche a monetizzarle grazie agli acquisti in-game.

Benché non faccia ancora uso di una vera e propria criptovaluta, l'ecosistema Roblox si basa su una propria moneta virtuale, detta "Robux", che può essere acquistata e scambiata con denaro virtuale tramite lo store della piattaforma.

Attraverso tale moneta è possibile comprare esperienze o equipaggiamenti di gioco oppure abiti e accessori virtuali per personalizzare il proprio avatar e renderlo sempre più unico e accattivante.

Nel novembre del, il rapper statunitense Lil Nas X si è esibito in concerto su un palco virtuale in Roblox registrando oltre 33 milioni di visualizzazioni in un solo weekend. La scelta si è rivelata un successo non solo da un punto di vista musicale ma anche in termini economici, grazie al gran numero di vendite di merchandising digitale legato all'evento. I fan, infatti, hanno potuto acquistare skin, vestiti e una serie di accessori ispirati all'artista[2].

## Axie Infinity

Axie Infinity (https://axieinfinity.com) è un universo di gioco online che ruota attorno a piccole e buffe creature conosciute come Axie. I giocatori possono collezionarli, allevarli e farli combattere in apposite arene multiplayer.

Ogni Axie è rappresentato da un NFT sulla blockchain Ronin, un network layer 2 di Ethereum realizzato dalla stessa software house.

Per iniziare a giocare occorre innanzitutto creare un proprio Ronin wallet, operazione possibile direttamente in fase di registrazione sul sito ufficiale di Axie Infinity. Al tempo stesso è preferibile disporre anche di MetaMask in modo da poter trasferire ETH nel wallet del gioco. Le criptomonete trasferite saranno necessarie per acquistare le prime tre creature dal marketplace della piattaforma, quantità minima richiesta per partecipare.

L'acquisto degli Axies è un momento cruciale perché la scelta corretta può rilevarsi particolarmente vincente in fase di gioco. Ognuno di questi ha pregi e difetti, ma quelli con maggiore probabilità di vittoria saranno sicuramente i più ambiti e costosi. Nonostante questo, non possiamo definirlo come un gioco un pay-to-win. Axie Infinity presenta piuttosto dinamiche di gioco pay-to-earn.

È possibile, infatti, allevare e far riprodurre i piccoli mostriciattoli, i quali possono essere messi in vendita ottenendo token AXS, i quali possono

---

[2] Cfr. J. Lee, *Where and When to Watch the Lil Nas X Concert in Roblox,*
https://www.polygon.com/2020/11/14/21564209/how-where-when-to-watch-the-lil-nas-x-concert-roblox

essere scambiati con denaro reale sugli exchange, come, ad esempio, Binance.

Oltre agli Axies, il gioco presenta terreni e oggetti virtuali, anche questi sotto forma di token. Gli utenti possono esplorare il mondo virtuale di Lunacia (il regno di Axie Infinity) organizzando squadre e formazioni in modalità "Avventura" (PvE, Player vs Environment) gettandosi nelle vicende e combattendo strani mostri nemici.

All'interno dell'ecosistema, i giocatori possono anche scegliere la modalità "Arena" (PvP, Player vs Player) dove poter sfidare altri allenatori di Axies. I vincitori guadagnano un asset chiamato "SLP" (Smooth Love Potion), indispensabile per allevare gli Axies.

## La scommessa delle grandi aziende

Che il futuro di Internet sia nel Metaverso è una scommessa sulla quale stanno già puntando tutto le più grandi aziende del web.

Tra i primi a fare sul serio troviamo il fondatore e CEO di Facebook, Mark Zuckerberg, il quale nell'ottobre 2021 ha addirittura cambiato la denominazione dalla sua società in Meta. Un nome che suona chiaramente come una promessa di conquista del Metaverso. Non a caso, tra le sue aziende, oltre a Facebook, Instagram e WhatsApp, il gruppo Meta include anche Oculus[3], marchio leader nel settore devi visori di realtà virtuale.

In concomitanza del cambio di nome della sua società, Zuckerberg in una lettera aperta dichiarava pubblicamente in quale direzione Meta avrebbe concentrato i propri sforzi:

---

[3] Cfr. https://www.oculus.com

La nostra missione rimane la stessa: si tratta sempre di riunire le persone. Anche le nostre app e i loro marchi non stanno cambiando. Siamo ancora l'azienda che progetta la tecnologia intorno alle persone.

Ma tutti i nostri prodotti, comprese le nostre app, ora condividono una nuova visione: aiutare a dare vita al Metaverso. E ora abbiamo un nome che riflette l'ampiezza di ciò che facciamo[4].

L'azienda è determinata a fare sul serio e lo sta dimostrando con i fatti. Di recente Meta ha completato la raccolta di 10 miliardi di dollari tramite l'emissione di obbligazioni per finanziare gli sviluppi di "Horizon Worlds", il mondo digitale di Zuckerberg, al momento accessibile solo negli Stati Uniti e in Canada per gli utenti dotati del suo visore di realtà virtuale Oculus Quest.

Ovviamente anche Microsoft è intenzionata a svolgere un ruolo da protagonista in questa rivoluzione. Già nel 2016 aveva lanciato HoloLens[5], occhiali di "mixed reality" che permettono di combinare contemporaneamente elementi di realtà virtuale e realtà aumentata. Entro la fine del 2022 rilascerà Mesh per Microsoft Teams, un servizio innovativo attraverso cui gli utenti situati in diverse posizioni fisiche potranno organizzare riunioni virtuali in cui partecipare grazie a esperienze olografiche collaborative e condivise.

Grazie a Mesh ogni azienda potrà creare i propri spazi virtuali, nei quali far lavorare i propri dipendenti, ricevere i clienti, fare formazione ed espletare tutte le altre attività che solitamente si svolgono nella sede centrale di una compagnia. Il tutto senza frontiere né barriere linguistiche: Microsoft, infatti, ha iniziato a sviluppare il suo sistema di traduzione

---

[4] https://about.fb.com/news/2021/10/founders-letter
[5] Cfr. https://www.microsoft.com/it-it/hololens

automatica, che permetterà a persone che parlano lingue diverse di comprendersi grazie alla traduzione in diretta.

Inoltre, l'accordo da 70 miliardi di dollari per l'acquisizione del colosso della produzione e distribuzione di videogiochi Activision Blizzard nei prossimi anni consentirà a Microsoft di sviluppare nuove esperienze videoludiche supportate all'interno del suo specifico Metaverso.

In tutto questo, Google non poteva restare uno spettatore inerme. L'azienda di Mountain View è decisa a entrare nella corsa al Metaverso sfruttando le geniali menti dei suoi Google X Labs, gruppo di laboratori di ricerca avanzata dove vengono studiati progetti più futuristici ed evoluti. Tra questi troviamo una rinnovata e progredita versione di Project Glass, il primo tentativo di occhiali per la fruizione della realtà aumentata rilasciati da Google nel 2013 per un numero ristretto di utenti.

## Attuali e future applicazioni

Non solo le grandi del web e della tecnologia, ma anche le altre industrie dei più svariati settori non vogliono farsi trovare impreparate. Quella che si percepisce è un'atmosfera elettrizzante, che ricorda la corsa all'oro del XIX secolo.

Come pionieri in una terra ancora inesplorata, i marchi che si stanno gettando a capofitto nelle nuove entusiasmati opportunità dal Metaverso sono un numero sempre più alto.

Ormai è chiaro che non si tratta di aria fritta ma di importanti possibilità di investimento, dove arrivare prima della concorrenza può tradursi in milioni di dollari.

Coca-Cola, ad esempio, è tra i brand che fin da subito ha scelto di investire in tale ambito. La campagna mediatica Coca-Cola Creations ha anche unito le forze con l'organizzazione di giocatori PWR per creare Pixel Point, un'isola personalizzata nella modalità creativa del videogioco Fortnite dove i visitatori possono partecipare a minigiochi e andare alla ricerca di accessori nascosti basati sul brand come la speciale Coca-Cola Zero Sugar Byte.

La bevanda "dal gusto pixellato" e particolarmente frizzante è stata poi rilasciata in tiratura limitata anche nel mondo reale con una lattina dal design futuristico.

Anche McDonald's si dirige verso il Metaverso. La più importante catena di fast food del pianeta ha presentato ben dieci domande all'Ufficio brevetti e marchi degli Stati Uniti indicando che intende offrire "un ristorante virtuale con prodotti reali e virtuali" e "gestire un ristorante virtuale con consegna a domicilio". La scommessa di McDonald's, quindi, non si limita alla domanda di hamburger digitali ma prevede molto altro, vale a dire l'ordinazione in uno spazio virtuale con consegna reale a domicilio.

In un mondo in cui sarà rilevante la personalizzazione del proprio avatar con capi e accessori sempre più ricercati, i grandi marchi dell'abbigliamento troveranno nel Metaverso un terreno estremamente fertile per il proprio business.

Già dal 2021, Nike ha intrapreso una vasta serie di importanti attività per abbracciare il virtuale. La prima mossa è stata quella di presentare all'US Patent and Trademark Office sette richieste per proteggere i suoi marchi in svariati settori, tra cui proprio quello dei beni virtuali scaricabili. Un ulteriore passo avanti nella trasformazione digitale di Nike è rappresentato dall'acquisizione di RTFKT, uno studio creativo specializzato nella creazione di NFT di sneaker digitali. Ma l'azienda è intenzionata a fare sul serio ed è andata molto oltre. In collaborazione con Roblox, infatti, ha debuttato con Nikeland, un mega store virtuale dove gli utenti possono acquistare in formato digitale abbigliamento firmato Nike, partecipare a eventi e ad attività sportive virtuali.

La concorrenza non poteva tardare a rispondere: Adidas ha recentemente acquistato un terreno in Sandbox costruendo la sua controparte, AdiVerse.

Nella stessa direzione si stanno muovendo marchi di lusso e dell'alta moda quali Louis Vuitton, Prada, Dolce & Gabbana e Gucci, mentre molti altri si stanno preparando a seguirli. Ormai non passa un mese senza che uno o più brand annuncino la loro personale iniziativa nel mondo digitale.

# CONCLUSIONE

 QUESTA TECNOLOGIA HA PORTATO ALLA LUCE UN ALTRO UNIVERSO. LA REALTÀ VIRTUALE CRESCERÀ. COME È STATO PER IL TELEGRAFO DIVENUTO TELEFONO, COME PER LA RADIO DIVENUTA TELEVISIONE, LA REALTÀ VIRTUALE CRESCERÀ.

*Jobe Smith, interpretato da Jeff Fahey*
*nel film Il tagliaerbe*

Nell'arco di questi dieci capitoli abbiamo approfondito fin dalle basi il loro funzionamento e il loro sviluppo.

Arrivato a questo punto sarai sicuramente in grado di continuare il tuo percorso in maniera più autonoma e coscienziosa.

Bitcoin è stato fonte d'ispirazione per un gran numero di nuove tecnologie basate su blockchain. Satoshi Nakamoto ha innescato, in maniera più o meno consapevole, quella scintilla che ha dato il via alla rivoluzione del web 3.0.

Da allora il numero di network decentralizzati e di criptovalute è aumentato in maniera esponenziale, generando nuove inimmaginabili esigenze che a loro volta hanno dato vita a ulteriori tecnologie come gli algoritmi PoS, gli smart contract e i token non fungibili.

Il web, da mero strumento per la consultazione delle informazioni, si è poi trasformato in un mezzo per la creazione di nuovi contenuti, fino a raggiungere la massima evoluzione come tramite per generare valore.

Quella che ora riusciamo a malapena a scorgere tra la nebbia è solo la costa di un nuovo continente inesplorato.

Dopo fruire, creare e possedere, vivere il web sarà la sua ultima frontiera. Io sono pronto a tutto questo. Sono certo che lo sei anche tu.

# RINGRAZIAMENTI

Scrivere questo libro è stata una piacevole avventura ed un'avvincente scommessa con me stesso.

Ringrazio tutti gli amici ed i colleghi che mi hanno ispirato e che hanno creduto nel progetto supportandomi e spronandomi nella sua realizzazione.

Printed by Amazon Italia Logistica S.r.l.
Torrazza Piemonte (TO), Italy

50333074R00134